STARTUP LEADER-SHIP

创业领导力

祝杨军 著

首都师范大学出版社
CAPITAL NORMAL UNIVERSITY PRESS

图书在版编目(CIP)数据

创业领导力/祝杨军著. —北京：首都师范大学出版社，2017.12
ISBN 978-7-5656-3710-0

Ⅰ.①创…　Ⅱ.①祝…　Ⅲ.①企业领导学　Ⅳ.①F272.91

中国版本图书馆 CIP 数据核字(2017)第 315153 号

CHUANGYE LINGDAOLI
创业领导力
祝杨军　著

责任编辑　王兰玉
首都师范大学出版社出版发行
地　　址　北京西三环北路 105 号
邮　　编　100048
电　　话　68418523(总编室)　68982468(发行部)
网　　址　http://cnupn.cnu.edu.cn
印　　刷　北京九州迅驰传媒文化有限公司
经　　销　全国新华书店
版　　次　2017 年 12 月第 1 版
印　　次　2017 年 12 月第 1 次印刷
开　　本　710mm×1000mm　1/16
印　　张　13.5
字　　数　205 千
定　　价　29.90 元

目　录

引　言

未来的创业与创业的未来

法国存在主义哲学家萨特指出，对于人而言，存在先于本质。动物是本质先于存在，因为动物只能依照其物种所属的尺度去生活，老鼠从出生到死亡，老鼠就是老鼠，我们不会去纠结于它究竟是一只什么样的老鼠，或者它将来可能成为一只什么样的老鼠。人则不同，人一方面按照各类物种所属的尺度去生活，即人有与生俱来的自然特性；另一方面，人有人的尺度，人还必须作为人、成为人，人有超越自然特性的人性，即自由。因此，人出生以后，不仅要作为自然界的成员，按照自然规律生存；还要利用自然，为实现自己的目的服务。形成目的观念并选择实现目的的路径是人的自由所独有，这意味着人具有无限的可能性，意味着人需要自己对自己的选择负责。人究竟会成为什么样的，完全是一个悬而未决的问题。

在人的一生之中，可以选择的东西太多。从生涯发展的角度而言，人可以选择接受雇佣，从事稳定的职业，获得稳定的收入，充分发挥专业特长，不断地为职位晋升而努力；也可以选择自主创业，自由而有创造性地追随内心，自己为自己打工，从零开始构建属于自己的商业帝国。但是，创业维艰，无论企业盈利还是亏损，是风平浪静还是风起云涌，创业者都必须自己面对、自己处理、自己负责。就业与创业没有孰高孰低之分，都可以做出非凡的成绩。但是，毋庸置疑，创业意味着不确定性和更高的风险，它是勇敢者的游戏。乐观地估计，中国大学生创业成功率也仅仅只是5%。

创业首先意味着产生想法、遴选项目，有好的想法、选对了项目，才能有一个好的开始，好的开始是成功的一半。相反，想法有缺陷，项目前景不佳，投入的精力、资金越多，离目标反而可能越远。创业意味着组建团队，好的团队能够团结一心干事业，众志成城、锐不可当，不好的团队成事不足败事有余，浪费资源。创业意味着选择商业模式，好的商业模式能够帮助企业迅速盈利、加快发展，不好的商业模式可能会耗尽原始资金，造成现金流断裂，使企业陷入困境……正是基于以上判断，过去，我们一直把创业的成功与否归因于项目、团队、资金等元素，创业教育的重点自然而然地也就放在了如何产生创业想法和选择项目、如何组建和培养团队、如何获得投融资等方面。然而，在经过对五十余位或成功、或失败的创业者进行访谈后，结合国内外创业领域研究的前沿文献，我们发现，尽管项目、团队、资金等元素至关重要，但却不起根本性的作用，真正能够决定创业成败的，是运用、整合、开发这些元素的"人"。换句话说，创业成功的秘诀，归根结底，在于创业领导者。

领导学家彼得·诺斯豪斯指出，"'有效的领导过程'是团队成功最关键的因素。相反，无效的领导往往被看作团队失败的首要原因"①。优秀的创业领导者站得高、看得远，他知道自己现在身在何处、想要什么、如何得到；他高度自律、富有魅力，善于自我领导，善于以身作则；他能够引领结构变革和制度构建，为组织搭建框架、制定运行规则，把企业发展引入正轨；他既懂得尊重人、关心人、激励人，又懂得服务他人、成全他人，从而

① [美]彼得·G. 诺斯豪斯. 领导学. 吴爱明，陈爱明，陈晓明译. 北京：中国人民大学出版社，2012：161.

能得到贵人相助、团队效忠；他会用文化感染人、潜移默化地影响人，对内团结和睦，对外意气风发。优秀的创业领导者不仅是一流的管理者，更是企业的精神领袖。简言之，只要有一流的创业领导者，创业就一定能够获得成功，这已经成为投资人的共识。随着人工智能、大数据和其他新技术的发展，未来的创业项目遴选、团队管理和投融资等机制将更加科学化、数字化，程序性的工作将被机器取代。企业决策系统和决策技术的发展便是典范。但是，人的因素，尤其是领导者，不仅无法被取代，还将发挥更加重要的作用。机器永远不可能有愿景、永远不可能用冰冷的心去激励、温暖团队人心。在面对高度不确定性和复杂性的未来时，机器会无所适从。未来的创业，将会是创业领导者之间的巅峰对决，成功与否将越来越取决于创业领导力。

当发达国家已经意识到创业领导力的重要性，并陆续开展研究时，国内对创业领导力的关注却严重不足：不仅没有系统研究，甚至都很少提及。好在国外在创业领导力领域的研究起步同样很晚，目前已有成果还不足以满足现实创业实践的需要，指导意义非常有限，国内创业领导力研究不仅能迎头赶上，在“大众创业、万众创新”的时代背景下，甚至还能实现某种程度的超越。未来的创业重在创业领导力，创业的未来重在开发创业领导力。没有卓越的创业领导力，就不可能有一流的企业家。现在不开发创业领导力，未来就不可能有优秀的创业领导者。

本书重点关注创业领导力的内在逻辑、模型构成、科学方法和实践艺术，不指望能填补“空白”，而是希望能够以绵薄之力，抛砖引玉，推动国内创业领导力的研究。

第一章

创业领导力：

内涵、模型与开发

传统领导力研究主要有三条路向：一是总体性研究，即一般性地讨论领导力的意义、本质、构成、开发等。优点在于能够在学理上把领导力说清楚、弄明白，缺点是缺乏具体规定性和现实性，实践意义不足。中国学者惯用此法。二是案例性研究，即以案例带动学理，从实践中发现领导力规律。优点在于指向性明晰、论证生动，缺点是缺乏系统性和理论论证。西方学者善于此类研究。三是科学化研究或艺术化研究，即从心理学、数学等角度对领导力进行量化研究或从常识、经验、哲学等角度对领导力进行“模糊性”说明。前者的优点是遵从科学规律，用数据说话，观点直接，缺点是过于书呆子气，让人望而生畏，学院派学者常用此法；后者的优点是富于启发性，能激起学习者兴趣，缺点是“手段过于高明”、“案例过于个体化”或是“灵活到让人无法掌握和运用”，虽然精彩至极，但一般人学不会用不了，党校、行政学院和一些跨领域学者常用此法。要在一定意义上解决传统领导力研究中的困境，研究者必须在把握领导力的一般概念、判断、推理基础上，聚焦专门领域，结合定性研究与定量研究，结合科学与艺术，结合理论与实践，探讨领导力的意义、模型与开发原理。

第一节　创业领导力的内涵

创业领导力具有非常丰富的内涵，它作为一种领导力，具有一般性，符合领导力的基本规律；同时，它又是在创业领域的体现，具有特殊性，规律方面需要做出新的探索。探索创业领导力的概念，明确其研究意义，是展开进一步研究的前提性条件。

一、创业领导力的概念

戴夫·拉姆齐在《创业领导力》一书中，开宗明义地指出，“翻开《韦氏大词典》，我们可以看到‘领导者’一词的解释是这样的：‘管理、领导，并激励他人的人。’‘创业者’一词的解释是：‘在投资项目中组织、经营，并承担风险的人。’‘创业者’一词的英文原文是 entrepreneur，该词来源于法语词 entreprendre，意思就是：‘承担风险的人’。因此从我们的角度出发，可将‘创业领导力’定义为：‘使投资项目发展并能够赚取利润的领导过程。’”①德里克·利多在另一本名为《创业领导力》的书中，则认为创业者是指“开创业务，并在创业后领导业务的人”②，“创业领导力广泛适用于任何类型的公司和创业者，能够帮助每个有激情的创业者将他们的想法转化成有形、持续的实体”③。拉姆齐和利多关于创业者、创业领导力的理解虽然均有合理性，但是在他们眼中，创业领导力其实就是创业者的领导能力，这就落入了传统领导学的窠臼之中。实际上，创业者的领导能力与创业领导力并不完全相同，从现代领导学的观点来看，创业领导力有许多“新”意。

在中文中，创业领导力是由“创业”与“领导力”构成的复合词。“领导力”是核心词，体现了创业领导力的“质”。按照现代领导学的说法，“下面这些因素被认为是领导中非常重要的：(1)领导是一个过程；(2)领导需要有影响力；(3)领导在团队中发生；(4)领导需要共同目标”④。领导即是领导者在一定的情境下，通过职位权力和非职位权力对追随者加诸影响以实现领导目标的过程，领导力即是影响力。“创业”是限定词，既限制了领导力的运用层次和范围，又是对一般领导力具体规定性的说明，是创业领导力的“量”。创业概念包括广义和狭义两个层次。其中，广义的创业是指开创一项事业，包括创办企业、开启一项事业、承接项目或是在某一领域攻关等；狭义的创业仅仅指创办企业。创业领导力中的“创业”，是指狭义的创业。从领导力的角度看，创业就是指凭借创业者的影响力激励凝聚团队、凭借创业团队的影响力获得顾客，从而销售产品和服务取得经济效

---

① [美]戴夫·拉姆齐．创业领导力．高艳东译．北京：科学出版社，2012：5.

② [美]德里克·利多．创业领导力．龚阿玲译．北京：中国人民大学出版社，2017：6.

③ [美]德里克·利多．创业领导力．龚阿玲译．北京：中国人民大学出版社，2017：10.

④ [美]彼得·G. 诺斯豪斯．领导学．吴爱明，陈爱明，陈晓明译．北京：中国人民大学出版社，2012：2.

益和社会效益的过程。因此，创业领导力可以定义为初创企业中领导者的影响力。

创业领导力不同于创业领导者的能力。创业领导者的能力是单向的，即创业领导者对追随者运用权力进行约束、管理、激励等方面的能力。创业领导者的能力一旦拥有，就不会失去。比如创业领导者善于运用决策树法进行决策，决策树法作为工具，被创业领导者习得之后，便成为创业领导者的能力，无论何时何地，创业领导者都可以运用此能力。创业领导力的本质是“力”，就像物理学中的“力”一样，具有作用与反作用的特征，是双向的。不仅创业领导者能够对追随者施加影响，追随者同样能够影响领导者。尽管一般而言，领导者的影响力大于追随者的影响力，属于次要矛盾或者矛盾的次要方面，但这种影响力毕竟是真实存在的，在一定条件下，有可能会变成主要矛盾或矛盾的主要方面。创业领导力研究的其实就是创业领导者与追随者、消费者、供应商、合作者等各层次各方面之间的作用与反作用关系。创业领导力既可以获得，也可以失去。比如创业者在A团队富有领导力，但是到B团队就可能完全没有领导力；创业者在初创企业生存阶段，表现出了强大的领导力，到了发展壮大阶段，领导力日趋减弱，终于被他人取而代之。创业领导者要注意创业领导力和创业领导者能力之间的差别，时刻保持警惕，学会用发展、联系、变化、具体的眼光看问题。

二、创业领导力研究的意义

创业领导力研究的重要意义在于，一方面，创业领导力水平对于创业成败有决定性意义。实践证明，创业领导力水平低，就会导致：对内，组织战略定位不清、发展方向不明，结构松散、制度缺位，团队运行效率低下，凝聚力差。员工缺乏工作热情，无法激发内在潜力，不能正确对待组织目标。组织风气不正，纪律涣散、高度内耗。对外，无法吸引优秀人才、赢得市场信任，经济效益低。消费者建立不起对产品的信心，对企业市场推广漠然视之。供应商不愿意与初创企业建立良好合作关系。无论采用何种企业办公平台或高科技手段，无论有多少资金做后盾，都无法弥补创业领导力不足带来的混乱。因此，创业领导力研究绝非可有可无，相反，在理论上，必须夯实创业领导力的学理支撑，弄通一般性规律和原理；在实践上，必须自觉以创业领导力理论为指导，并不断地使用理论、印证理论、发展理论。

另一方面，领导力对创业者个人的发展而言同样具有重要意义。创业者需要从自我认知，即兴趣、能力、性格、价值观等方面进行探索，明确自己想要的和适合的创业方向是什么；又要从市场外部进行认知，即在产品世界、社会环境、政治条件等方面进行探索，明确创业风向、社会需求，考察其与自我探索结果的一致性程度。自我认知和外部认知统一于创业决策，即是否创业和怎样创业。诚如前文所述，创业是指凭借创业者的影响力激励凝聚团队、凭借创业团队的影响力获得顾客，从而销售产品和服务取得经济效益和社会效益的过程。创业决策的目的就是提升影响力，没有影响力的决策没有价值，影响力就是领导力。领导力水平高，创业者无论做任何事情，成功概率都大得多。在这个意义上可知，创业领导力对创业者个人的发展具有极大的促进作用，能够帮助其认清自我和商业世界，提升决策力和影响力。

那么，究竟应该如何从学理上对创业领导力进行说明呢？即创业领导力由哪些元素组成？元素之间的内在逻辑关系是什么？在麦肯锡 7S 管理模型的基础之上，我们通过构建 SC 创业领导力模型来回答这两个问题。

第二节　SC 创业领导力模型

SC 创业领导力模型由著名的麦肯锡 7S 管理模型衍生、发展而来。它吸收、整合了 7S 模型的组成元素，重构了内在逻辑，在一定意义上克服了其理论和实践的局限性。要深入理解、运用 SC 模型，我们必须首先对麦肯锡的 7S 管理模型做出说明。

一、麦肯锡的 7S 管理模型及其启示意义

20 世纪 80 年代，美国企业在低迷的经济形势下苦苦挣扎。多位学者，尤其

是汤姆·彼得斯和吉恩·贝内特等人，通过对IBM、惠普和麦当劳等43家模范企业进行深入访谈、研究后，反复论证提炼出了麦肯锡的7S管理模型。模型成功地挽救了许多濒临倒闭的企业，作为副产品，还提升了政府和其他组织的工作效率。正是如此，“7S模型被西方发达国家的企业部门及政府机关应用于分析组织的变革和发展，成为诊断组织问题、变革组织机制、创新组织范式的有效工具。”①如今，麦肯锡7S管理模型已经成为国内外各大组织，尤其是咨询公司青睐的分析手段。

7S，指的是企业组织七要素，包括：战略(Strategy)、结构(Structure)、制度(System)、人员(Staff)、技能(Skill)、风格(Style)和共同的价值观(Shared values)。因为这七个元素的英文单词都以S打头，故称为7S。其基本逻辑是：战略是组织的愿景(或是终极目标，长期目标)，代表着组织的发展方向，同时是其他一切工作的驱动力。结构是组织的物质框架，组织内部能量和信息的传递必须通过结构进行。制度是组织的运行规则，既调整组织的内部运行，又规范组织的外部行为。战略、结构和制度，由于都与物质条件密切相关，或者说本身就是物质的，因此被称为组织的“硬元素”。

人员被称为组织的基本单位，是组织任务的直接承担者，对其进行管理是组织核心任务之一。技能是组织生存和发展的必要条件，是组织功能的主要实现者。风格是组织中个人行为方式的总和，在某种程度上影响着组织的效率和前进方向。共同的价值观是组织活的灵魂。组织中的任何元素，都离不开共同价值观的隐性影响。在一定意义上可以说，共同的价值观是组织发展的柔隐驱动力。人员、技能、风格和共同的价值观，更多的与精神性的东西相关，或者说本身就是精神的，因此被称为组织的“软元素”。

麦肯锡7S模型的启示意义在于：一是强调元素与元素之间的内在关联。尽管表面上看，七大元素之间是并列关系，但是元素的存在方式并不是原子式的，

---

① 张立荣．当代中国政府治理范式变革探析——以麦肯锡7S系统思维模型为框架．中国行政管理，2006(6)：95.

而是存在于与其他元素的关系之中。二是强调元素与元素之间的协同作用。元素之间发生关系的方式不是简单的合作，而是每一个元素都随着其他元素的变化而变化，元素具有协同和自适应的特性。创业领导力模型中的各个元素也必然如此，不可能条块分割，而必须是互相关联、协同作用。三是麦肯锡 7S 管理模型是一个理性整体。既重视“硬元素”的作用，又重视“软元素”的作用。在当时的历史条件下，把“软元素”作为关键要素进行分析，并给予重要地位，具有重大的革命意义。正因为模型同时具备两种类型的元素，因此组织表现出高度的人性化特征。创业领导力的核心是人，高度重视“软元素”是应有之义。四是麦肯锡 7S 管理模型的广泛适用性。虽然从原初设计上说，模型是用于组织设计和问题诊断的。但是依照其基本原理，模型同样可以运用于其他方面，比如创业领导力。这是因为，一方面，初创企业是一级组织，面临着组织的一般问题，包括愿景、结构、制度、人员等，这正是麦肯锡 7S 管理模型的优势。另一方面，创业领导者必须以企业作为生存环境，创业领导力的提升是系统性工作，必须从组织整体入手才是可能的：无论是战略定位、结构变革、制度构建，还是人力开发、文化塑造，牵一发而动全身。麦肯锡 7S 管理模型同样是系统性分析的典范。从以上分析可知，创业领导力模型可以从麦肯锡 7S 管理模型中借鉴相当丰富的内容。

当然，麦肯锡 7S 模型也有局限性。比方说，模型中忽略了领导者和追随者的自我管理维度，过于强调组织，这实际上就把个体的人抽象化了。尽管它同时重视硬元素和软元素，却把与人相关的部分作为组织设计和诊断的工具，而不是把人看作“独一无二的，具有理性和尊严的人”。实际上，尽管人的身体是物质性的，但是作为组织成员，思想和思维方式才是主导其身份识别的内在气质，因此人员是组织中最可宝贵的能动元素。再比如，模型中部分元素的内涵和外延区分模糊，时有交叉，容易说不清楚。模型中把人员和技能截然分开虽然有一定合理性，但是技能必须通过人员来施展。人员的归属感、情绪、自我实现需求等都会影响其技能发挥。风格和共同价值观虽然各有内涵，不尽相同，但二者实际上都属于组织文化塑造。风格的形成无法脱离价值观认同，价值观也无时无刻不受风格的影响。因此，当我们说某个组织“以人为本”时，既可以说是组织的行为风格，也可以看作其共同价值观，强制区分二者既不可能，也无必要。另外，模型针对的是一般组织的设计和诊断，然而组织问题千奇百怪，不同组织问题不同，同一组织在不同时间问题也不同，这就需要根据现实情况和具体情境进行调整。

从以上分析可知，尽管麦肯锡7S管理模型具有极其丰富的内容和极为重要的启示意义，但要使其适应于对创业领导力本质的描述，还必须进行元素重设和逻辑重构。

二、SC创业领导力模型的定性化描述

SC创业领导力模型设置了六大系统元素：战略(Strategy)、自我(Self)、结构(Structure)、制度(System)、人力(Staff)和文化(Culture)。同麦肯锡7S管理模型一样，战略具有基础性的意义，是创业领导力提升的内在动力。但是SC创业领导力模型不仅重视战略，更聚焦定位。这是因为，要提升初创企业的效能，首先要明确企业自身的现实定位、未来定位及二者之间的距离。确定自身方位之后，工作就有了基础；确定目标之后，努力就有了方向；确定距离之后，策略就有了根据。具有较高领导力的创业者，在这一过程中的作用主要是，和追随者一起，既能够在复杂多变的形势中，掌握重要信息，进行精准定位；又能够将自己的理想、团队的理想和社会的理想统一起来，设计公司的未来愿景和实现逻辑。优秀的战略定位能够凝聚、激励追随者，成为创业团队前进的牵引力。

其次，与7S管理模型不同，初创企业在战略定位完成以后，更为紧迫的并不是组织结构问题，而是领导者的自我管理。自我管理是创业领导力提升的基本前提。一般组织由于规则明确、机构完善，对领导者个人的自我管理往往不作要求。这是因为，当制度充足且能够执行时，领导者虽然能够影响组织运行和绩效，但并不是其中最大的变数。初创企业则不同，由于缺乏“规则”和“习惯”，创业领导者的思维方式、气质、能力、品行等都会给企业留下深深的烙印。创业领导者如果品行端正、决策果断、生活自律、踏实肯干，追随者就会正面效仿，同时，会赢得更多的追随者。相反地，如果创业领导者品行不端、决策优柔、放荡

不羁、投机取巧，追随者就会负面效仿，同时，可能会失去追随者。创业领导者应该意识到，在充分竞争的市场经济条件下，只有首先进行有效的自我管理，才能提升领导力，扩大影响力，带领团队把企业经营引入正轨。自我管理分为否定和肯定两个层面。所谓否定的层面，就是领导者通过深度自省，通过强大的意志力和品格对任性进行自我约束的方面。所谓肯定的层面，就是领导者理性行为的培养，通过对领导科学、领导艺术、管理方法等的学习，提升领导水平和管理水平。

再次，结构变革是创业领导力提升的框架条件。结构是组织运行的物质载体，无论是组织的战略目标或是领导者的个人意愿，总是要诉诸于一定的组织结构。在一定的任务目标和环境条件下，组织结构是否合理取决于领导者能够在多大程度上实现结构变革。换言之，领导者必须使特定的组织结构与特定的功能相协调。变革包括三个层面，即构建、改良和改革。构建，就是从无到有进行组织设计，初创企业的组织变革就是从结构构建开始的。由于缺乏企业运行经验，大部分初创企业的结构设计往往具有高灵活性和任务导向性特征。随着企业的发展，运营相对成熟之后，固定的结构设计就提上了日程，从而进入了结构改良的阶段。改良是一种渐进、温和的结构调整方式，主要目的是应对变化缓慢的形势。当内外环境剧烈变化时，一旦结构改良无法满足组织任务，就需要对结构进行颠覆性的变革，即改革或再造。初创企业规模小，抵御风险能力较弱，要随时做好根据问题和功能变化进行结构变革的准备。创业领导力的高低就体现在对结构变革的判断力、决断力和变革成效方面。判断力，指的是领导者要能够审时度势、抓住时机；决断力，指的是领导者面对问题能够主动决断、敢于决断；变革成效，指的是领导者领导结构变革的水平要经得起考验，主要体现在团队能力提升、经济效益增长、生产和管理流程改进等方面。

又次，制度构建是创业领导力提升的根本保障。如果把组织结构形容成人体骨骼，制度就是人体机能的运行规则。没有规矩，不成方圆；没有制度，不成组织。制度分成两种：约束性制度和促进性制度。约束性制度对组织的存在和发展有保护作用。制度规范流程、约束组织行为、惩罚逾越行为，保证组织在正常轨道上运行。促进性制度对组织的存在和发展有促进作用。制度通过奖励、推荐工作流程和质量标准等方式，优化组织运行方式，协调内外关系，提升组织效能。对于初创企业而言，受创业领导者个人特质和权力、利益诉求影响，制度往往未能受到足够重视，取而代之的是，创业领导者的习惯、风格、命令、不成文条例等占据了主要地位。制度缺位导致组织运行过程中，会出现大量的不合理、不合规甚至不合法的行为，不利于组织的长期、稳定发展。因此，创业领导者要把制度构建能力作为提升创业领导力的重要方面。领导者要重视制度，强调用制度管事、管人、管文化，总之，凡是制度能发挥作用的地方，尽量使用制度。创业领导者要以战略定位为根本导向，建立科学的约束性制度，构建高效的促进性制度。创业领导者要学习和掌握相关法律法规，了解制度制定的方法、原理、评估策略，学会用制度影响追随者。只要制度充分发挥作用，创业领导者就能够“无为而治”，才能腾出时间和精力着重思考“大事”。

复次，人力开发是创业领导力提升的关键环节。在麦肯锡 7S 管理模型中，人员与技能是分开的，这是因为，技能虽然来自人，却又有相对的独立性。技能的发展规律与人的发展规律并不总是一致的。应该说，这种区分具有一定合理性，然而也破坏了人的完整性。SC 创业领导力模型将人员和技能合并为人力，强调二者之间的相互影响、相互承载、互为条件。创业领导者绝不仅仅是购买了技能，而是雇用了拥有技能的人。仅仅为技能付费未必能取得预期目标；关怀拥有技能的人，有时少付费或不付费却能取得意想不到的效果。人力开发具有的双重含义在于，既重视对人的管理，包括聘任、薪酬、升迁、激励、教育等，又重视对技能的管理，包括替代、培训、升级、转换等。初创企业中，人力开发具有关键性意义。创业者要对追随者进行职场引导、专业辅导和情绪疏导，要“领”方向。在此基础上，创业领导者还要激发追随者的潜力，奖励其成绩，并通过家庭关怀、个人关怀、职务升迁等方式将追随者的命运与企业的命运融为一体，从而增强工作团队的凝聚力。创业初期，企业经济效益有限，也无法通过对不确定性未来的期许增强凝聚力，此时，通过创业领导力进行人力开发就显得尤为重要。很多时候，初创企业工作团队的核心工作动力，绝不是来自出卖技能获得工资，而是创业者卓越的创业领导力。

最后，文化塑造是创业领导力提升的柔隐驱动。麦肯锡 7S 管理模型强调风格和共同价值观，其优势在于，风格经常会发生变化，且往往没有经过正式确认，但却对组织行为有重要影响。共同的价值观则相对固定，一般经过组织的正式确认。在这个意义上，领导者能够将二者区别开来，用不同的方式予以对待。然而，这种区别的缺陷也是明显的。诚如上文所言，风格与共同价值观的区分在实际生活中并非泾渭分明。SC 创业领导力模型将二者同时纳入到企业文化的范畴中，好处在于，一方面克服了区分的模糊性；另一方面强调，除了风格和共同的价值观之外，企业文化的其他因素，如创业精神、领导者偏好等，也是影响组织的重要方面。文化与组织的关系是，文化伴随着组织的建立而形成，同时又反作用于组织。良好的企业文化对组织发展有重要的促进作用，反之，则会破坏组织的发展。文化塑造之所以成为创业领导力提升的柔隐驱动，主要是因为文化作为精神性的东西，对组织的影响是间接和潜移默化的。创业领导者要牢牢把握文化塑造的主动权，以文化人，给追随者创造一个既竞争又和谐、即刚性又灵活、既严肃又有趣的工作氛围。优秀的企业文化还能成为企业的身份证和广告牌，成为外部竞争的有力武器。

SC 创业领导力模型的定性化描述侧重于对元素内涵的说明，虽然也能勾勒出元素之间的内在逻辑，但毕竟不够直观和清晰，这就需要将其进一步公式化和图像化。公式化和图像化是模型科学性的重要标志。

三、SC 创业领导力模型的公式化表达及图像

SC 创业领导力模型的公式化表达为 $F=cf$，其中 F 表示创业领导力，c 表示情境系数，f 表示合力，f＝战略定位＋自我管理＋结构变革＋制度构建＋人力开发＋文化塑造。需要注意的是，f 既可以是正数，可以是零，还可以是负数。$F=cf$ 有多种变化形式，尽管不同的变化形式之间在量上是相等的，但在质的内

在逻辑方面有较大差异。

$F=cf$ 的第一种等价式为 $F=c(f_{内}+f_{外})$，其中，$f_{内}=$自我管理，$f_{外}=$战略定位＋结构变革＋制度构建＋人力开发＋文化塑造。也就是说，以领导者作为基点，创业领导力可以分为领导者自身素质水平和对外行为能力水平两个方面。由于二者是求和关系，任何一个方面的变化，都会导致创业领导力效能的变化。比如创业领导者在战略定位、结构变革能力等外在方面炉火纯青(假设 $f_{外}=5$)，却疏于内在的自我管理(假设 $f_{内}=-7$)，结果 $F=-2c$。创业领导力为负值，意味着追随者尽管认同领导者的外部管理水平，却不认同领导者本身，或认为领导者不值得效仿。这可能会导致创业团队离心离德，甚至核心成员离职。这一等价式突出强调了创业领导者自我管理的重要意义。

$F=fc$ 的第二种等价式为 $F=c(f_{显}+f_{隐})$，其中，$f_{显}=$战略定位＋自我管理＋结构变革＋制度构建＋人力开发，$f_{隐}=$文化塑造。也就是说，从创业领导力的驱动类型看，可以分为显性驱动和隐性驱动两种形式。显性驱动是直接的，能够进行形式化描述；隐性驱动是间接的，形式化描述较为困难，但能够进行体验。创业领导力提升过程中，很容易只重视显性驱动而忽略隐性驱动，其后果是事倍功半。比如，领导者严于自律，并且十分重视制度建设和人力开发等显性方面(假设 $f_{显}=5$)，却忽视了组织文化塑造(假设 $f_{隐}=-7$)，结果 $F=-2C$。创业领导力为负值，意味着创业领导力显性驱动的成果被隐性驱动所抵消，领导者的大量精力、金钱和时间付诸东流。这一等价式突出强调了组织文化塑造的重要意义。

$F=fc$ 的第三种等价式为 $F=c(f_{硬}+f_{软})$，$f_{硬}=$战略定位＋结构变革＋制度构建，$f_{软}=$自我管理＋人力开发＋文化塑造。也就是说，从创业领导力的存在方式看，可以分为“硬元素”与“软元素”，这与麦肯锡 7S 模型有相似之处。“硬元素”是能够被物质化的，规律性较强，可以直接感受；“软元素”是不能被物质化的，主观性较强，一般不能直接感受。传统企业比较看重“硬元素”，然而随着信息化社会的发展，市场形势的复杂化，加上人的因素增强，“软元素”逐渐凸显出了重要性，甚至占据了更为重要的地位。从 $F=c(f_{硬}+f_{软})$ 的公式描述中可以看出，创业领导力的提升(假设 $F=10$)必须同时加强硬元素(假设 $f_{硬}=5$)和软元素(假设 $f_{软}=5$)的建设，如果偏废一方(假设 $f_{硬}=5$，$f_{软}=-7$)，就有可能造成创业领导力下降，甚至成为负数：$F=-2c$。创业领导力为负值，意味着“硬件”有余，“软件”不足，不是“人”利用“物”，而是“人”毁了“物”。这一等式突出强调了“软元素”的重要意义。

需要指出的是，$F=cf$ 的三种等式并未穷尽，还可以根据其他情况进行变换。并且，在公式中，战略定位、自我管理、结构变革、制度构建、人力开发和文化塑造六大元素所占的权重并不是相同的，需要根据初创企业的具体情况来赋值。这里的具体情况包括初创企业所在产业、从事行业、初始状况等。在教育培训类创业中，创业领导者为人师表(自我管理)、聘用和培养讲师(人力开发)两大能力可能更为重要。在科技类创业中，创业领导者引领产品设计潮流(战略定位)、提供个性化产品(结构变革)则可能更能体现领导力。当企业度过了初创期而正式进入创业期之后，制度构建、文化塑造等就会成为极其紧迫的事情。

从以上分析可知，在 SC 模型中，战略定位、自我管理、结构变革、制度构建、人力开发和文化塑造六大元素之间的总逻辑为：战略定位是指创业领导者明确企业的现实方位，构筑未来愿景；自我管理意味着创业领导者率先垂范，自我约束和主动学习，提升自身能力；结构变革是创业领导者根据战略定位和具体任务进行的框架式协调；制度构建是创业领导者制定企业的运行规则，对组织进行约束或者促进的策略；人力开发是创业领导者实施激励与凝聚，挖掘、发挥团队工作潜力的重要方式；文化塑造是创业领导者柔隐驱动组织生存和发展的手段。六大元素之间是叠加关系，每一个元素的值可能是正值、零或者负值。六大元素之间的和越大，表明创业领导力的值就越大。反之，和越小，甚至是负值，表明创业领导力出现了问题，需要及时进行诊断和调整。

SC 创业领导力的图像化表达方式为：

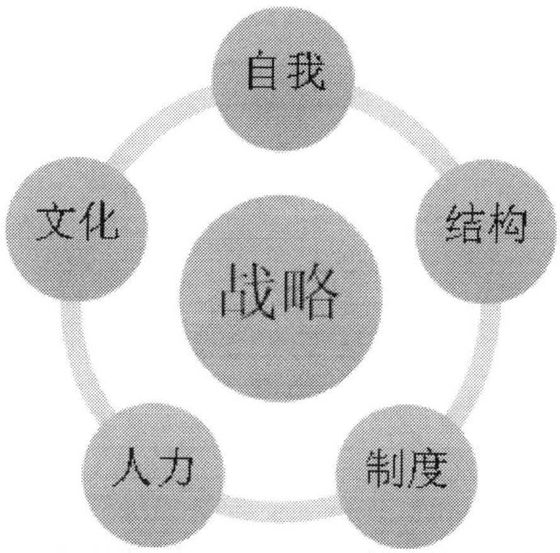

图 1　SC 创业领导力模型

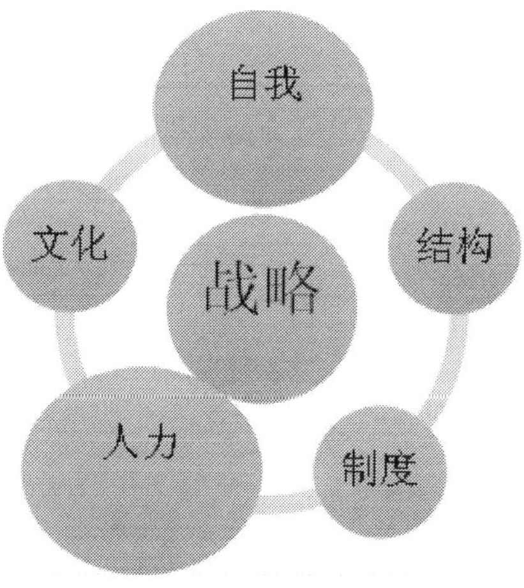

图 2　SC 创业领导力模型——某教育培训类企业

图 1 是典型的 SC 创业领导力模型，以战略为中心，五个圆环表明了 SC 创业领导力模型中的各个元素。圆环之间的连线，表明元素之间构成了相互联系的整体。环的大小表明了该元素赋值的大小。创业领导力的最终值是六大元素叠加的结果。图 2 和图 3 是 SC 创业领导力模型衍生模型的两种实例。图 2 是某教育培训类企业的 SC 创业领导力模型，在该企业中，由于自我和人力被赋予了较大权

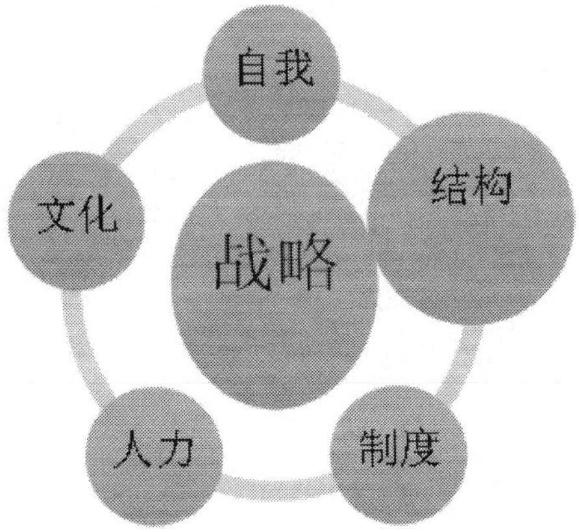

图 3　SC 创业领导力模型——某科技类创业企业

重，因此这两个部分的圆环面积显著大于其他四个部分。图 3 是某科技类创业企业的 SC 创业领导力模型，由于引领科技潮流和提供个性化产品的需要，战略和结构两个部分被赋予了较大权重，其圆环面积显著大于其他四个部分。

四、SC 创业领导力模型的初步评价

SC 创业领导力模型的最大优势在于，在理论方面，在创业与领导力之间建立了有效关联，认为创业领导力水平是创业成功的重要因素。同时，把创业领导力的提升归结为战略定位、自我管理、结构变革、制度构建、人力开发和文化塑造六大元素之间的协同作用，建立了系统模型，并给出其公式化和图像化表达，有利于指导创业领导力开发。

在实践方面，从我们多年的创业教育工作和访谈研究中看，SC 创业领导力模型在对初创企业进行问题诊断，提出改进建议方面具有显著效果。多名创业领导者在经过一定时期的运用实践后认为，SC 创业领导力模型有利于提升初创企业的生存和发展质量。除此之外，在创业培训之中，运用 SC 创业领导力模型能够很好地阐明创业领导者的作用及能力开发策略，纠正传统创业培训的某些偏差。

SC 创业领导力模型及其衍生模型还有待进一步研究和改进。后续开发的重

点是，如何根据企业类型、主营业务、运营实践等调整模型元素、顺序和内在逻辑，以期更好地做到理论与实践相统一。

第三节 创业领导力开发的原理与原则

基于SC创业领导力模型开发创业领导力，基本原理并不复杂，重点在于在诊断及其应对策略，诊断优先。主要原则包括问题导向、有效性和团队性三个方面，其中，问题导向是特色，有效性是核心，团队性是保障。

一、创业领导力开发的原理

创业领导力开发的基本原理是：根据SC创业领导力模型中的元素构成，对特定创业者的领导力，分别从战略定位力、自我管理力、结构变革力、制度构建力、人力开发力和文化塑造力六个方面进行静态和动态分析，判断问题及其产生根源。其中，静态分析侧重于组分分析，强调力的大小、力与力之间的关系等；动态分析侧重于趋势分析，强调在时间的变化过程中，力的发展呈现出何种规律性、力的发展趋势等。在此基础上，系统运用SC创业领导力模型，提出提升创业领导力的具体路径。简言之，先运用SC创业领导力模型进行诊断，而后根据问题寻找创业领导力提升策略。

二、创业领导力开发的原则

创业领导力开发的主要原则是：

(一)问题导向原则

SC创业领导力模型的运用必须是问题导向，而不是体系导向。所谓体系导向，就是创业领导者必须兼顾六种力的平衡，同等开发，不可偏废，然而这会耗费许多资源和精力。比如，创业领导者明明把自我管理力运用得非常好，却还要花费时间去寻求提升自我管理力，显然是抓不住重点。对于弱势的结构变革力，则因为平均用力而没有重点关注，导致付出努力后依然提升效果不理想。所谓问题导向，就是根据创业领导力运用实践中存在的不足，针对性地寻找克服策略。

创业领导力是一种合力，力与力之间相互影响、相互制约。其中任何一种力较弱，都会影响创业领导力的提升。创业领导力符合“短板效应”，即创业领导力的大小是由系统中最弱的力所决定的。比方说，某创业领导者能够高度自律，且具备较强的结构、制度、人力和文化等方面的能力，经过诊断，创业领导者唯一的短板是他往往看不清自身的方位，对公司的未来发展愿景缺乏正确认识。因为战略定位力不足，他就有可能把公司带往错误的方向。甚至于，他在其他方面的能力越强，公司离正确的方向就越远，损失就越大。此时，对于那些优势“力”，创业领导者不需要花费太多精力，保持即可；而对于诊断出来的、处于弱势地位的战略领导力，则需要高度重视，并针对性地寻找克服策略。从这个意义上说，对于创业领导者而言，“诊断＋问题”十分重要。

（二）有效性原则

创业领导力不是一般意义上的理论，而是与实践密切相关、具有直接应有价值的方法论，因此，创业领导力必须遵循有效性原则。有效性原则主要有三个衡量标准：一是过程有效，即在创业领导力实施的过程中，能够明显观察或者测评到效果，如员工风貌、工作热情、效率提升的变化。过程有效是衡量创业领导力水平的黑铁法则。二是反馈有效，即在创业领导力实施过程之中和之后，虽然组织并未获得显著的绩效提升，但是通过间接调查，发现人员的思想状况发生了积极变化、组织的潜在客户和购买力有所增加等。反馈有效是衡量创业领导力水平的白银法则。三是结果有效，即在创业领导力实施之后，组织的绩效获得可检测到的增长，并且能够证明创业领导力与这种增长之间存在因果关系。结果有效是衡量创业领导力水平的黄金法则。

（三）团队性原则

创业领导力虽然可以运用模型化的方式进行表述和开发，但是每一个创业领导者都有自身个性。这就意味着，创业者不可能在六个方面都做得尽善尽美。当创业者在某一个方面不胜任时，就需要通过团队的方式去补上“短板”。在这个意义上，创业领导力尽管首先强调的是创业领导者个人所具有的领导力，但是这一领导力的实现却可以有多种方式。并且，能够运用团队弥补自身领导力的缺陷，本身就是一种创业领导力水平高超的体现。不过，创业领导者需要注意的是，自身领导力的提升永远是第一位的，是任何形式的其他补充都不能取代的。

理论、模型与开发是关于创业领导力的一般学理阐释，具有基础性意义。但是，要深入把握创业领导力的本质，一般学理阐释缺乏具体内容，这就要求我们还必须从战略定位、自我管理、结构变革、制度构建、人力开发和文化塑造六个方面分别展开细致的逻辑化理论论述和现实化实践运用。

第二章

战略定位：

创业领导力提升的内在动力

战略定位力是创业领导力提升的内在动力。好的战略定位能够俘获追随者的心，自然而然地牵引企业朝正确的方向前进；坏的战略定位则会误导、窒息追随者，把企业推到错误的发展方向上，从根基上摧毁企业发展的空间。创业领导者要高度重视战略定位力的修炼，积极主动学习相关理论、方法和艺术，总结经验教训，抓住创业领导力提升的“牛鼻子”。

第一节　战略定位与创业领导力

汉字博大精深，即便仅仅是从语词本身看，也极具启发性。要理解战略定位的内涵，可以先抛开各式各样的学术定义，单对其进行构词法的分析。正是在这种分析过程中，我们能够窥见战略定位的深层意味和意义。

一、“战”、“略”与“定位”

“战略”一词最早来源于军事领域。从字义上看，战略“应该含有计谋、方略、方法等多种意义……是从知到行，从原理到实现乃至运作的一贯作业，故必须从整体思想去了解……其过程是：首先要把握一个中心思想，也就是思想的本体；接着导致政策或原则；然后再设计成制度；最后规划成技术、技巧去运作”①。具体而言，“战”意味着必须“目的明确”，搞清楚为什么而战，要收获什么样的战果，这是根本问题。不问目的只问战争无异于对自己和对他人的犯罪，是一种自杀行为。“战”意味着必须“敌我分明”，搞清楚内部与外部、伙伴与对手，这是前提性条件。不问敌我只问战争必成“孤家寡人”，必被“群起而攻之”。“战”必须“培养战士”，搞清楚士兵招募、培训、激励、凝聚的规则与方法，好钢用在刀刃上，士兵是“战”的承担者。不会养兵、用兵必会“损兵折将”，被他人所“俘虏”，成为“阶下囚”。明确了根本问题、前提条件和承担者，“战”才有意义和价值。

“战”必须“开辟战场”，搞清楚在哪里战斗，如何扩大战斗空间。不会“开辟

---

① ［美］成中英．C理论：中国管理哲学．北京：东方出版社，2011：187.

战场”，就会沦为“困兽”，甚至“引火烧身”、“自毁城池”。“战”必须“择机而战”，搞清楚战场的地理、人文，选择战斗的时机。不会“择机”，就会被别人抢占“先机”，从而“受制于人”。“战”必须“明确战法”，搞清楚应该运用何种武器，使用何种战术。不懂“战法”，或者只会“纸上谈兵”，就会“无所适从”，很可能“腹背受敌”。不懂“兵器”，则会沦为“螳臂当车”，结果必然“溃不成军”。战斗的空间、时机和战法是取胜的关键。

商场如战场。初创企业要在商战中生存，必须明确创业的目的、竞争者和追随者这些根本问题，同样也要考虑如何扩展竞争空间、把握市场时机和制定销售策略等关键环节。

“略”就是“战”的能动图景。所谓能动，是指一方面，领导者可以根据以往经验，通过理性思考，构筑模拟图景对“战”进行“沙盘式”推演，指导战场现实；另一方面，战场现实又不断地推动图景变革，提升领导者的理性思考能力，帮助领导者随机应变、调整策略。在这个意义上，“略”可以是“大略”，指代图景，即全局性的纲要；也可以是“策略”，专指应对具体事件的方法。简而言之，战略的基本含义，就是从全局谋划组织发展策略。

“定位”是指确定方位。定位是战略的重要组成部分，是实施战略管理的前提性要素。本尼斯认为，“定位的重要意义无论如何强调也不为过，因为它与愿景是相辅相成的，能够激发、激励领导者的愿景”。① 战争中，交战双方必须要知道自己和对手，在武器、人手、地形、财富等方面的差距，才能有针对性采取战斗策略。既不能“贪心不足蛇吞象”，又不能“推着大炮打苍蝇”。同样的，只有了解自身及设定的标杆在地区、产业、行业等方面的位置，领导者才能明确企业发展的方向和目标。对自身“定位”过高，领导者就有可能忽略现实困境，制定出无法完成的目标，轻则打击追随者士气，重则可能造成严重的资源浪费或资金链断裂。对自身“定位”过低，领导者可能有保守行为，错过发展时机，轻则降低企业

① [美]沃伦·本尼斯，伯特·纳努斯．领导者．赵岑，徐琨译．杭州：浙江人民出版社，2016：138.

利润水平，重则丢失市场份额和品牌，乃至被淘汰出局。“定位”贵在精准，这就要求创业领导者要全面了解产业、行业和企业的基本状况，把握在一定时期内企业发展的底线与极限。

从以上分析可知，战略定位就是指根据企业当前所处的方位，从全局谋划发展策略，从而不断趋向终极目标的过程。战略定位有两个层次：第一个层次是愿景。愿景描述企业的未来发展蓝图，定位企业的存在价值和发展方向，理想方面的意义较为重大。具体而言，“共同愿景至少有三层含义：一是组织成员自愿追求的前景，而不是任何外部力量迫使的；二是共同的前景，是领导人员、管理人员和广大员工共同拥护、共同认同的前景；三是一种有价值、有目的、有目标的生动的前景，这种前景是可视的、可感的、可追求的。”①第二个层次是一般战略，包括企业发展的长期战略和中期战略，侧重定位企业的阶段性发展图景。一般战略为愿景设定相对具体的行为逻辑，执行方面的意义更为重大。

二、战略定位的双重意义

无论是哪个层次的战略定位，都具有基础性意义：一方面，组织系统的结构、制度、人员、风格等各方面元素都必须通过战略定位建立起意义关联，保证组织的正常运行。没有战略定位，组织就没有明确的发展方向，内部元素之间的互动就是无序和无效的。另一方面，战略定位本身具有不可取代的价值。明茨伯格认为，战略定位“从字面上看，不仅强调战略制定过程的重要性，也强调战略自身的重要性……从本质上看，(战略定位)通过聚焦于战略的内容，将战略管理领域中的研究从传统的说明性分析扩展到实际调查”。②

更为重要的意义是，战略定位导致现实定位与未来定位之间拉开了距离，正是因为这段距离的存在，形成了创业领导力提升的内在动力。不具备战略定位力

---

① 刘峰．新领导观．北京：北京大学出版社，2011：106.

② 亨利・明茨伯格，布鲁斯・阿尔斯特兰德，约瑟夫・兰佩尔．战略历程——穿越战略管理旷野的指南．魏江译．北京：机械工业出版社，2016：62.

的人，不可能具备创业领导力，从而不足以成为创业领导者。创业是无休止的“战争”，领导者必须要在理解创业和理解自身的基础上，选择恰当的项目、明确对象市场、组建高效团队，运用个性化的产品服务和高明的营销策略，适时推广、扩大销路，取得经济效益，才能在商场上立于不败之地。创业领导者的战略定位力正在于此：能够理性思考，基于调查和自身情况，建构创业逻辑，即在现实定位与未来定位之间，构筑愿景和制定一般战略。

创业初期，组织从无到有，创业领导者要首先解决的问题就是，为什么要创业？创业能获得什么好处？创业的最终价值是什么？创业领导者构筑愿景，既是回应自身，又是回应追随者。创业领导者的战略定位不明晰，对现实定位和未来定位认识不清，工作就会缺乏动力，就不能合理调动资源，导致自我管理失效，从而造成创业失败。对于追随者而言，之所以愿意与创业领导者组建团队，首要的并不是追求经济利益，而是对创业领导者个体的认同，更确切地说，是对创业领导者愿景和一般战略的认同。创业领导者不仅要构筑愿景，还要让愿景深入人心，只有理解才能信仰，只有信仰才能追随。创业领导者不仅要制定一般战略，还要带领团队积极定位，探索路径，及时调整。只有追随者参与一般战略的制定，执行才能有力。因此，创业者的战略定位力直接能够影响追随者的激情和理性。

北京大学生创业者丁亮，因为在本科期间听闻“互联网＋”概念，遂决定组织同学开发致力于校园二手商品交换的APP平台，满心以为APP开发完毕之后，上传到各大应用商店，便可坐等下载率破千破万，从而引来广告实现盈利。APP开发完毕后，丁亮简单地做了几场校园宣传，开发团队蓬头垢面的亮相，学生响应者寥寥。整整一个多月，耗费心血开发的APP如同僵尸一般躺在应用商店里无人理会，更无人使用。尽管APP根本没有盈利，参加研发的学生却纷纷开始伸手向丁亮要工钱。丁亮只好撤下APP，自掏腰包付了工钱，解散开发团队，一场创业闹剧草草收场。丁亮后来咨询了创业导师，得到的答案是：丁亮从一开始就战略定位不清。他所谓的校园二手商品交换APP就是一个粗糙的聚合平台，毫无专业性；技术门槛低，安全性无法保证，没有核心竞争力；赶集网、58同城等早已经在学生中广为流传，他的二手商品交换没有新意……正是由于产品的这一特性，他完全无法，也没有动力去整合资源营销。研发团队只在乎得到工钱，根本没有对丁亮战略定位的认同，因此他们绝无可能花费力气去卖力宣传。这一切，注定了他成功的可能性微乎其微。丁亮屏住呼吸听完，陷入了沉思之中。

第二节 战略定位的方法

当前，关于战略定位的研究汗牛充栋，方法很多，但是大都针对成熟企业。对于创业者而言，由于组织结构、制度等方面的不完善，一般性的方法不能直接套用。比如，在成熟企业中，战略定位由具体的、专业的部门负责，经过管理层反复讨论后才能明确。在初创企业中，战略定位必须由创业领导者主责，重点是要通过战略定位建立、凝聚团队，打造“爆款”产品。因此，初创企业的战略定位应该有自己的原则和程序。

一、战略定位的基本原则

战略定位不是定计划，计划是战略定位之后的具体实施逻辑，本身不能取代战略定位，其遵从“目标—路径”对应原则；也不是谈理念，理念是战略定位之前的价值观念和理想憧憬，同样不能取代战略定位，其遵从积极与超前原则。战略定位既要体现“目标—路径”对应原则，又要体现积极与超前原则，这是由战略定位的特殊意义决定的。除此之外，战略定位还有自身必须要遵守的特殊原则：

一是明晰性原则。创业领导者对战略定位的理解越深刻，就越倾向于用明晰的语言将其表述出来。同理，如果领导者的描述模糊，多半意味着领导者对战略定位没有把握。对五十余位创业领导者进行访谈的结果表明，战略定位表述清晰的创业领导者大都对企业的未来发展有明确、具体的规划，对前景更为乐观和自信；而那些自述处于困境的创业领导者，则多半对战略定位的描述含糊不清。另一方面，专业术语、复杂句式虽然有利于在学理上说明愿景和一般战略，但是在感情上会让追随者难以接受，在理性上让追随者理解困难。因此，如果创业领导者认为战略定位是清晰的，却没有能力用合适的方式进行表达时，就需要求教于专家了。一般来讲，判断战略定位明晰性的标准是，是否能在五分钟之内，让追随者理解并记忆。

驾校行业翘楚东方时尚的愿景是"开创全新理念的先锋，引领驾校行业的脚步"，所谓全新理念的核心是用户思维："让每位学员都满意。"围绕这一愿景制定的一般战略是：从外部看，"向社会输送合格的驾驶人"、"朋友式的教学关系"、"我们的服务与您的需求同步"、"三级服务链"；从内部看，"服务、遵章、团结、自律、创新"、杜绝行业不正之风。如此清晰的战略定位，使得员工和客户牢牢记住，东方时尚就是"服务至上"。

变革大师约翰·科特的观点是富有启发性的，他说，"'愿景'一词宏伟而神奇，但能够成功指引变革方向的愿景往往是简单而平凡的……有效的愿景表达清楚，足以激励人们采取行动；同时又很灵活，为人们留有创新的空间。而糟糕的愿景有时太模糊，有时又太具体"①。创业领导者要引以为戒。

二是可衡量原则。战略定位虽然明晰，但若不可衡量，同样是无效的。"目标不能模糊。模糊的目标不是真正的目标，只能算心愿或梦想"②。可衡量意味着需要标准，标准分为纵向标准和横向标准。标准不仅要"定质"，还要"定量"，也就是说，既要能看到明显的变化，还要能用数字清晰的衡量。纵向标准是指初创企业以自身的发展历史为参照物，确定在新的阶段将要达到的发展程度。比如

① [美]约翰·P. 科特．领导变革．徐中译．北京：机械工业出版社，2016：69.

② [美]戴夫·拉姆齐．创业领导力．高艳东译．北京：科学出版社，2012：28.

第二年，初创企业要实现盈利同比增长50%的目标，基本具备自主造血能力，进入快速发展期；第五年，赢利水平要比当年翻一番，保持20%左右的年增长率，进入稳定发展期。横向标准是指以一定时间为期限，企业在行业内将达到何种地位，比如三年内，初创企业主要产品所占市场份额要达到20%以上，成为行业内的标杆。这里的“快速发展期”、“稳定发展期”、“行业标杆”等都属于对战略定位的定性化描述，而“同比增长50%”、“20%年增长率”、“20%以上的市场份额”等具体的几个数字则是对战略定位的定量化描述。通常，对一般员工和客户呈现出来的是战略定位的定性化描述，方便记忆和理解；但对于创业领导者而言，定量化的描述与定性化的描述同等重要，前者意味着战略定位的具体内容，后者意味着战略定位的传播、品牌与凝聚效应。

三是可达到原则。初创企业因为没有运营经验，更倾向于乐观地估计市场，从而投入大量的人力物力，迅速扩展生产规模，导致风险控制失效、企业资金链断裂而破产。

> 创业领导者毛晓，毕业于某师范大学物理学专业。由于长期从事家教业务，积累了一定学生资源，他毕业后决定创业。创业初期，生源稳定、收益不错，毛晓决定“大跃进”，立下壮志：两年内成为行业内的领先教育品牌。他迅速扩大规模，在核心商业区新租赁了十余个教室，还高薪聘请了一位运营总监，希望给人以高端教育培训的印象。结果，一年后，尽管生源不错，但是毛晓仍旧无力支付讲师费用和高昂房租，不仅把前期积累赔了个精光，还搭上了父母新买的一辆车。

创业领导者有上进心是好事，但是战略定位必须要“适度”：战略定位没有达到预期不仅仅是打击了领导者和追随者的士气；严重时，还会让企业和追随者的信心在“大跃进”中土崩瓦解。可达到的、分阶段的战略定位，则会让人有“芝麻开花节节高”的感觉，充满了正能量。

四是可传播性原则。战略定位不是创业者的“私有财产”，而是“共享财产”。

有二十多位创业领导者在受访时表示，战略定位非常重要，但是在现实中，“战略定位基本上不起作用”、“战略定位是三分钟热度”、“战略定位只是一种营销手段”、“战略定位就是形式主义”……他们认为，根本的原因在于战略定位似乎仅仅被当作创业领导者个人的事情，追随者根本感觉不到、理解不了，更不用说加以实践。

战略定位的可传播性举足轻重。如果战略定位不能传播，就不能深入人心；不能深入人心，就不能转化为“驱动力”。因此，战略定位完成之后，要采用各种方法，花大量精力做好传播工作，使战略定位融入追随者的心脑，成为工作中自然而然的一部分。

二、战略定位的七大步骤

战略定位是一门科学，在实践中有严谨、具体的程序。如果程序违规，就有可能造成“战略不当”和“定位不准”等诸多问题。通常，战略定位的基本程序包括七大步骤：调研、创制、修改、试行、调整、传播和变革。

调研，就是要求创业领导者运用问卷调查、实地访谈、观察等各种方法，广泛收集市场信息，并通过一定的技术手段进行分析、综合，实现对基本创业想法的初步验证。有的创业领导者不注重调研，对政治、经济、社会和技术环境了解不透彻，对企业面临的优势、劣势、威胁和机会认识不清楚，拍脑袋进行战略定位，结果可想而知。

大学生创业者利勤一心想做点事业。他看到同学们都不喜欢去食堂吃饭，于是撺掇父母投资、找关系，给他在校园里开办了一家学生餐厅，满心以为餐厅会生意火爆。结果事与愿违，餐厅开业一个星期之后，就门可罗雀。在反省时，利勤颇有感触地说：“当时没有进行充分的调研，只知道食堂饭菜不好吃，没有考虑到学生食堂经营有补贴、校内房租太贵和其他成本较高。加上学生毕竟消费水平有限，如果菜价定得低，我也赚不到什么钱。再者，学校里本地生源的学生多，对周围环境熟悉，到了周末和晚上，回家的回家，去外面的去外面，我的餐厅没什么特色，吸引力很有限。”实际上，利勤遇到的这些情况，只要他事先调研，不难掌握，然而，激情冲昏了他的头脑。

创制，就是要求创业者根据调研情况，结合理性思考，形成一个初步的战略定位。对于初创企业来讲，创制是最为重要的环节，它充分体现了创业价值和创业领导者的的个性意愿，在很大意义上决定了创业的成败。体现创业价值，就是指战略定位中要明确创业的原因、目标、原则、宗旨、经济效益和社会效益；体现创业领导者的个性意愿，就是指战略定位要兼顾创业者的兴趣、性格、能力、价值观，要将这些主观特征与客观现实统一起来。然而，战略定位创制绝不仅仅是主观想象和个人意志的产物。相反，主观想象和个人意志会使创业领导者脱离客观实际，从而破坏战略定位的科学性。

修改，就是要求创业领导者向追随者展示战略定位，征求、整合追随者的意见，并进行适度修改。尽管创业领导者要在战略定位制定中负主要责任，但这并不意味着战略定位是创业领导者个人的事。一方面，企业自成立之后，追随者就是其中重要的组成部分，他们与创业领导者是“命运共同体”。因此，他们的意见对企业生存、发展而言至关重要，战略定位绝少不了他们的参与。如果没有他们的参与，他们也就不能很好地或根本不会执行。另一方面，创业领导者个人是有限的，不可能把战略定位完成得尽善尽美。当然，战略定位毕竟主要是由创业领导者创制的，因此，这种修改并不涉及核心理念，创业领导者始终掌握着领导地位，追随者仅仅只是参与而已。

试行，就是要求创业领导者在企业运行的过程中，先试行初拟的战略定位，考察其实际作用。试行是必要环节，没有试行，很多问题仅仅依靠创业领导者和追随者反复讨论是无法发现的。一旦创业领导者全面宣传战略定位，才发现这些问题，就可能会对创业领导者威信造成负面影响。并且，有的时候，错误的信息反倒更容易让人"入心"。实际作用包括适用性、可传播性、凝聚力等。适用性指的是战略定位是否与当前企业面临的内部和外部形势相对应；可传播性指的是战略定位能否得到追随者、客户以及社会的认可、理解、记忆；凝聚力指的是战略定位能否把追随者紧密团结在创业领导者周围，并集中力量完成重大工作。

调整，就是要求创业领导者根据战略定位的试行情况，与追随者一道，再次对战略定位进行修改。这种修改可以包括战略定位的内容、表述方式和传播渠道等。需要注意的是，调整与修改不同，修改是未经确认的调整，相对主观。创业领导者可以根据自己的理解进行全方位修改。调整意味着大部分内容已经通过初步确认，只需要修改试行过程中明显存在的问题或争议的部分即可，否则试行就是没有意义的。同样的，创业领导者必须在战略定位调整过程中起到主导作用，有的价值观念和意图尽管受到追随者质疑，只要创业领导者坚持，同样可以不做出调整。

传播，就是要求创业领导者对已经明确的战略定位进行广泛传播，要求创业团队中的每位成员都能内化于心、外化于行。传播一靠内容、二靠渠道。传播内容必须亲切、简单、明了，这意味着无论战略定位背后有多么复杂的理论、依据、逻辑和其他考虑，都必须用高超的语言、形象艺术，以接收者喜闻乐见的形式表现出来。传播渠道必须广泛、有效、顺畅、多元，这意味着战略定位要以人、物、符号、高技术、文化、硬件设施等多种载体进行全方位、多层次表现，无孔不入、无时不在、无所阻滞。只有好的渠道而没有好的内容，传播就是噪声；只有好的内容而没有好的渠道，内容就是浪费。传播不仅要对内，还要对外，要将其中的核心理念向客户传达。认同企业战略定位的客户越多，就越容易粘住客户，产生可持续性的收益。

华为是创业公司发展壮大的典型，尽管已经成长为世界级的大型企业，其依旧保持着创业者的心态，时刻不敢懈怠。华为的战略定位是专注于ICT领域，坚持稳健经营、持续创新、开放合作。创始人任正非无论对外、对内都始终坚持这一战略定位，并要求员工始终恪守。据媒体报道，任正非曾经在一次内部讲话中说："苹果、三星、华为是构成世界终端的稳定力量，我们要和谐、共赢、竞争、合作。'灭了三星，灭了苹果'之类的话，无论公开场合，还是私下场合，一次都不能讲。谁讲一次就罚100元。"在任正非的带领下，华为始终保持着谦虚、谨慎、友好的形象，市场也对华为报以了丰厚的回报。

变革，就是要求创业领导者根据实际情况，终止实施原有战略定位，重新创制战略定位。这里的实际情况包括两方面：一是先前创制的战略目标已经实现，需要对新时期企业发展进行规划。当企业发展到这一阶段，意味着已经走出了初创，进入了相对稳定、成熟的时期。此时，可以参照一般企业的战略定位方法。二是先前创制的战略目标确认无法实现，需要重新创制。这种情况的发生通常有三个原因：内部环境条件发生重大变化，如企业高层颠覆性调整；外部环境发生重大变化，如行业发展受到国家政策、技术水平等方面的限制而陷入困境；创业领导者突然转变理念。一般来讲，战略定位具有稳定性，但是初创企业面临的情况复杂，变革也是经常性的事情。创业领导者的难点在于判定变革的时机。

在初创企业战略定位的七个步骤中，最核心的是调研、创制与传播。调研是战略定位的前提，创制是核心，传播是关键。但是，即便遵从了一般程序，创业领导者也还不能进行高质量的战略定位。战略定位需要创业领导者高超的艺术。

第三节 战略定位的艺术

战略定位既是科学，又是艺术。没有科学作为基础，艺术就是纸上谈兵，是空想，不仅不能提升创业领导力水平，反而会对创业领导者产生误导。同样的，没有艺术，科学就是冷冰冰的规律，是僵化的程序，同样无法推动创业领导力进步。科学知识可以习得，领导艺术需要修炼。

一、“以位定略”与“以略定位”相结合

“以位定略”就是指根据现实定位和未来定位制定战略。现实定位是企业对当前自身境况、发展水平的客观评估，未来定位则是企业对未来自身境况、发展水平的理性评估。现实定位与未来定位之间的差距就是战略空间。

没有现实定位，未来定位就没有参照物，容易过高或过低，从而影响企业制订发展计划，造成资源浪费。比如对科技型初创企业而言，如果创业领导者对企业的人才、产品和服务水平等没有清晰概念，那么企业的未来是以阿里巴巴、腾讯还是以近几年发展得还不错的某小微企业作为标杆呢？反之，没有未来定位，现实定位就不是以谁为“标杆”的问题，而是根本就没有“标杆”，这就意味着企业没有发展的动力和方向。如果企业一直为生存而挣扎，没有远大志向，那么还会有谁为企业的发展拼尽全力呢？长时间徘徊不前的企业，迟早会被市场所淘汰。无论成熟企业还是初创企业，“以位定略”都是非常有效的一般策略，案例比比皆是，不胜枚举。

对于初创企业而言，认清自身当前发展水平、清晰理解、把握未来发展愿景，尤其具有决定性意义。因此，在制定战略之初，创业领导者要首先解决现实定位和未来定位问题，并用清晰的语言和图式描述出来。解决了这两个问题，就框定了战略定位的主线。不过，正如苏格拉底所言，“认识你自己”是最困难的事。在“以位定略”中，准确地认识现实状况是难点，需要大量的调研、统计数据作为支撑。

“以略定位”与“以位定略”是相反的战略定位方式，但同样有效。如果说后者更强调科学性，那么前者则更强调艺术性。“以略定位”就是指根据创业领导者的理性战略构想，为企业发展设定不同阶段的定位。这种定位方式适合的情况是：创业领导者具有非常丰富的企业管理经验，对创业的目的和价值、未来发展方向、实现路径、可能的结局和后果等已经有较为清晰的预想，并且政治形势、经

济形势、社会形势和技术形势较为明朗。"以略定位"有利于全局规划，能够让创业领导者看得更加长远。

张茂曾经在多家IT公司任职，他本身学的是行政管理专业，先后从事过市场营销、人力资源管理等工作。离职后，他创建了一家致力于管理咨询，尤其是绩效提升的公司。用他的话说，"现实定位没有意义，定位准了也改变不了什么，既然创业是一穷二白，不如撒丫子狂奔，跟着自己的理性和感觉走，按照我自己的设想去给公司做远景规划"。他告诉追随者，不要管现在怎么样，关键是未来怎么样，朝着未来走就是正确的。三年来，他一直如此坚持，带领追随者"逐梦"，公司也在持续、健康发展。

通常情况下，"以位定略"与"以略定位"可以辩证地结合起来使用。前者强调一切从实际出发，认识来源于实践；后者强调理论对实践有指导作用，能提升实践的水平。创业领导者要认识到，初创企业的发展需要经历"实践、认识、再实践、再认识，反反复复以致无穷的过程"，因此，战略定位在方法论上，也要坚持理论与实践相统一的原则。

二、"底线思维"与"极限思维"相结合

"底线思维"是指在战略定位过程中，创业领导者通过设定不可逾越行为红线的方式，帮助企业在正轨上行进，避免出现重大损失。所谓不可逾越的红线，包括违法行为、短视行为、自损行为等。简单地说，战略定位应该保障企业发展不走弯路、不摔跟头，不会为了短期利益而让杀鸡取卵之类的行为发生。"底线"可以是"道德线"、"法律线"、"盈亏线"和"品牌线"等。创业领导者运用"底线思维"进行战略定位，是对企业发展安全负责任的表现。

创业领导者黄腾是"底线思维"的受益者。他在南昌创立了一家专注于6至12岁儿童的托管班。当其他公司纷纷降低托管费用，转而依靠举办教育

培训谋利时，他坚持“不办培训、只做托管、绝不降价”的底线。他说：“托管班的存在价值就是照顾孩子们的衣食起居，帮助父母解决后顾之忧。孩子们上学已经够辛苦了，不应该再剥夺他们休息玩乐的时间。托管是专业，要做好已经不容易。要培训，去专业的培训机构，反正我不做。”尽管有许多“功利”的家长选择了“托管＋培训”模式，黄腾还是赢得了不少与他理念一致家长的心，企业稳步发展。最近，他的“底线思维”获得了“意外回报”，2017年11月16日，南昌市下发《关于规范我市中小学生校外托管机构管理工作的通知》，要求南昌的校外托管机构不得开设教育培训和有偿学习辅导等业务，不得开设全日制班招收中小学适龄学生及学龄前幼儿，也不得从事与托管工作无关的其他业务。听到这一消息，黄腾淡然地说：“我的底线，如今变成了政府的底线了。”可想而知，黄腾的托管班会迎来新的“托管潮”。

创业领导者应时刻反省，找出自己和企业的“底线”在哪里。只有“底线”清晰，战略定位才有基础。守住底线，创业领导者就会少犯错；而那些不断突破底线的竞争者，迟早会遭到法律、道德、竞争和市场的惩罚。

与“底线思维”相对应，“极限思维”是指对企业发展的现实条件进行理想化假设，尽可能多地拓宽战略空间、优化战略定位、丰富实现路径的方式，帮助企业找出合理的希望。所谓理想化假设，就是假定在一定时期内，政治、经济、社会、技术等宏观形势，创业团队、项目订单、营收状况等微观形势不会发生重大变化。所谓合理的希望，就是基于现实条件可能实现的愿景。创业领导者运用“极限思维”进行战略定位，能够挖掘企业发展潜力。

褚时健是我国烟草发展史上举足轻重的人物。众所周知，他在事业巅峰遭遇滑铁卢，成为阶下囚，女儿在狱中自杀，多名亲属锒铛入狱，可谓家破人亡。但是，他骨子里的不服输精神，让他以七十多岁的高龄，在身患严重糖尿病的情形下，毅然决然地开始创业——种褚橙。按照中国人的说法，人生七十古来稀，这个年纪已经“没什么盼头”了，不会有什么“大成就”，不如好吃好喝好玩。然而褚时健不断地挑战极限，在他几乎不曾走出去过的、群山环绕的云南，打开思维空间，打造团队，精良选种、育种，想象着若干年后，万亩褚橙基地丰收的场景，想象着成熟的果实走向全国乃至世界各地的场景。他说，“朋友是真诚的，媒体是公道的。这么多人关心老褚，把我的事情当作他们生活中的一件事情，人生能够到这一步，我满足了”。如今，褚时健的企业已经步入正轨，状况越来越好，他已经九十岁了。然而，他又开始做五年后、十年后的战略规划了。褚时健是运用“极限思维”做战略定位的典型，他不断地在发掘自己和企业的潜力，不断地把企业推向新的高度。

需要指出的是，“底线思维”与“极限思维”相反相成。仅仅运用“底线思维”，创业领导者可能会表现出保守倾向，需要用“极限思维”进行推拉；仅仅运用“极限思维”，创业领导者可能会表现出激进倾向，需要用“底线思维”进行管制。因此，战略定位必须将两种思维方式统一起来，不可偏废：既要小心翼翼、守住红线，又要敢想敢做、勇于突破。

三、“人的发展”与“物的发展”相结合

企业发展包括两个方面，一是创业领导者及其追随者自身的发展，包括思维能力提高、专业技术水平进步、管理效能上升等，即“人的发展”。二是企业作为一个整体，在规模、产品、服务、品牌、绩效等方面的提升等，即“物的发展”。然而，长期以来，许多初创企业一直都强调的是“物”，“人”沦为“物”的附庸，甚至是只见“物”不见“人”，这种现象的主要表现是：绩效衡量标准的单一化、数字化和货币化。

单一化是指只以绩效是否增长、增长的幅度衡量企业发展状况，不顾及“人”的进步。这是因为在许多创业领导者眼中，“人”是否进步并不重要，他们的逻辑很简单：一方面，绩效增长似乎必然意味着“人”的进步，否则绩效增长从何而来呢？另一方面，“人”的进步理所当然，不进步，那就把“人”换掉，何必费功夫去

培养。数字化是指绩效增长必须唯“数字”马首是瞻，一切不能用“数字”衡量的进步都是无效的。创业领导者大都“务实”，在他们看来，最“实”的东西就是“数字”，“数字”不会说谎。他们天然过滤了那些无法用“数字”说明的东西，比如追随者行政能力和自我管理能力的提升。货币化是指绩效增长必须能转化为货币，衡量项目成功的标准就是看增加了多少营收。内部团队建设、公司治理结构优化等，在没有转化为货币之前，许多创业领导者都将其假定为是无效的。

对“人”的忽略是短视行为，可能造成严重后果，因为人是企业中最宝贵的、能动的元素。所有任务都需要靠人去完成，完成的质量也由人自身的认识水平、能力和意志来决定。离开了“物”，巧妇难为无米之炊，谁都吃不上饭。离开了“人”，相当于有米却没有巧妇，“米”本身的存在价值也没有了。有“妇”，但却不“巧”，做出的饭肯定难以下咽，只能勉强充饥。“妇”不高兴，不仅做不好饭，还有可能在饭里吐口水。在这种情况下，再好的“米”都没有用，只能白白浪费。如果把“旧妇”炒掉，换一个“新妇”，结果可能有三个：一是物色“新妇”花了成本，“新妇”却依然不“巧”，继续糟蹋“米”；二是“新妇”虽然“巧”，却感觉不受雇佣者重视，跳槽了；三是“新妇”刚开始手艺很好，但是翻来覆去就那几样菜，没有进步，食客都吃腻了。“妇”做不出好“饭”，对于雇佣者、食客、米商都是损失。食客不来，雇佣者赚不到钱；雇佣者赚不到钱，人是理性和感性的统一体的米就卖不出去。由此可见，“人”的作用无可取代。

那么，人会在什么情况下尽心尽力呢？具有十分复杂的思想和需求，有同情心和同理心。同情心是指面对某个特定的境遇，能激起人们共同的情绪；同理心是指面对某个特定的逻辑，能激起人们的认同。也就是说，只有创业领导者以心换心，追随者才能将心比心。创业领导者仅仅只是因为要完成任务而雇用追随者，那么追随者就只会勉强完成任务交差、换取报酬，不会考虑能不能完成得更好一些。反过来，如果创业领导者不仅关注追随者的基本生活，还关注他们的安全、归属、尊重和自我实现需求，并创造条件让他们自由、全面发展，那么追随者也会努力提升自己，对企业和领导者付出更多的真心和努力。

初创企业在做战略定位时，一定要搞清楚“人的发展”与“物的发展”之间的辩证关系：忽略了“人的发展”，创业领导者及其追随者就会出现本领恐慌，反过来又会威胁到“物的发展”。同样的，企业是由人组成的。企业发展壮大了，“物”丰富了，才能给“人的发展”提供更多支持，否则，所谓“以人为本”就是一句空话。在这个意义上可以说，“人的发展”与“物的发展”是分不开的，战略定位必须把“人尽其才”与“物尽其用”统一起来。“物的发展”是手段，“人的发展”才是目的，“物的发展”归根结底是为了“人的发展”。“人的发展”对“物的发展”的促进，本质上是人对人自身的关注，是人对人自身目的的满足。创业领导者要理解“人的发展”与“物的发展”的深层内涵，学会两条腿走路，既要关注“物”，更要关注“人”；既要关注自己，也要关注他人。

四、“显性宣传”与“隐性渗透”相结合

战略定位要发挥作用，必须被追随者领悟，并作为行动的指南。因此，战略定位传播的重要意义绝不亚于创制过程。传播的途径通常有两个：显性宣传和隐性渗透。创业领导者必须具备高超的传播艺术。

战略定位作为企业正式构建的愿景和设定的一般战略，必须进行“显性宣传”。“显性宣传”的关键是“显”，“显”表示正规、正式、公开、确定。“正规”是指战略定位的内容必须通过官方确认，用语考究、严肃、准确；“正式”是指战略定位必须经由权威人物通过正式文件在正式场合发布，“组织的典礼和仪式往往是将组织奉行的假设正式化的重要工具”①；“公开”是指战略定位必须使企业中的所有成员明确知晓，并对外发布；“确定”是指战略定位的内容不能随意更改，应该具有持续性和稳定性。

“显性宣传”的主要渠道包括企业宣传片、全体会议、正式文件、标语、培训等。企业宣传片的优势在于，借助多媒体技术，能够全方位、多层次、生动活泼

① [美]埃德加·沙因．组织文化与领导力．章凯，罗文豪，朱超威等译．北京：中国人民大学出版社，2014：218.

地展示战略定位，不受时间和空间限制。比如在食堂、办公区、休息间和其他公共领域，只要有多媒体，就可以播放。劣势在于无法传达战略定位的深层次理念，容易沦为单纯地看热闹。全体会议的优势在于，创业领导者能够较为深入地阐释战略定位的内涵，帮助追随者加强理解。劣势在于全体会议只能在特定时间召开，不具有持久影响力。正式文件的优势在于以成文的形式，完整、准确、规范地对战略定位进行描述，白纸黑字，有据可查，劣势在于形式单一，缺乏生动性，鲜有追随者能够认真学习。标语的优势在于活泼、精练、具体、便于记忆，对内对外都能产生影响，劣势在于容易挂一漏万、过于简单化。培训的优势在于能够集中、深刻地帮助追随者内化战略定位，劣势在于培训受时间限制，一方面会耽误工作，另一方面战略定位培训通常都是一次性的，很难常态化。“显性宣传”的不足需要“隐性渗透”来补充。

“隐性渗透”的关键在“隐”，“隐”表示非正式、柔和、间接、渐进。“非正式”是指战略定位的传播通过人与人之间的私下交往进行，不带官方色彩；“柔和”是指战略定位不是向追随者进行强制灌输，而是由追随者自己通过体验创业领导者和企业的行为细节慢慢感受；“间接”是指战略定位的传播不着眼于追随者，而是聚焦于企业文化塑造，再通过重新塑造的企业文化影响追随者；“渐进”是指战略定位的传播不是一次完成，而是长期性的潜移默化。

“隐性渗透”的主要渠道包括企业文化、非正式组织、创业领导者亲身示范、办公环境设计等。企业文化的优势在于能够发挥持久影响力，具有稳定性、可传承性和隐蔽性，能够使追随者不自觉地接受战略定位，劣势在于传播速度慢，并且信息容易在传播中失真。非正式组织的优势在于追随者之间的信息传递渠道通畅，且容易获得认同，劣势在于传递者容易加入自己的个人理解，误导他人。创业领导者亲身示范的优势在于上行下效，追随者能够有榜样，有标杆，容易受到情绪感染，劣势在于创业领导者本身是不稳定的，一旦某个环节失范，很可能导致追随者的信心全盘崩塌。“美化工作环境，足以提高员工的工作情绪。例如工厂墙壁和光线，现在一般科学管理专家都认为这是一个重要的问题。”①办公环境设计的优势在于可以通过细节布置，发挥环境对人的塑造作用，“DEC 最初将公司地址定在了一个老式的羊毛作坊里，以强调公司节俭质朴的风格。来公司参观的人都能清晰地体会到 DEC 所奉行的深层假设，而这种效果在该公司全球各地的办公室陈设中也被一一复制。”②劣势在于硬件毕竟是僵死的，发挥作用的效力有限。“隐性渗透”不能单独使用，只能与“显性宣传”相统一。

需要指出的是，对于初创企业而言，相关制度缺乏，可支配资金有限，往往疏于战略定位宣传。比如，进行“显性”广告营销时，只强调产品和服务本身，不强调战略定位；把文化塑造看作成熟企业的事情，不重视战略定位的“隐性渗透”。如此一来，虽然产品和服务能够产生短期效益，但无论是对内还是对外，企业形象却始终建不起来。创业领导者需要理解的是，战略定位宣传绝不是可有可无的东西，相反，它能给企业带来长期效益。因此，创业领导者要把“显性宣传”和“隐性渗透”结合起来，把战略定位传递给每一位追随者，传递给广大的客户。这是 CIS 企业形象识别系统建立的关键环节。

---

① 曾仕强．中国管理哲学．北京：商务印书馆国际有限公司，2015：282.

② [美]埃德加·沙因．组织文化与领导力．章凯，罗文豪，朱超威等译．北京：中国人民大学出版社，2014：220.

第三章

自我管理：

创业领导力提升的基本前提

佛教认为，人的一切烦恼皆因有个“我”，所以，要度己，就必须要破除“我执”，做到“无我”。然而，“无我”是大境界，不是一般人能够做到的。从管理学的角度讲，与其寻求很难得到的“无我”，不如实施自我管理。自我管理力是创业领导力提升的基本前提。从创业领导者的角度来说，进行有效的自我管理，一方面能够提升领导者的综合素质和行为水平；另一方面能够对追随者产生榜样效应，产生积极影响力。只有把自我管理好，才“够资格”管理追随者，才“有能力”进行生产管理、服务管理和行政管理。否则，“上梁不正下梁歪”，创业不可能获得成功。创业领导者最容易忽略且最不能忽略的，就是自我管理力。

第一节 自我管理与创业领导力

自我管理常常被理解为自律或自我约束，被看作非常个人化的事情，与他人无关。实际上，自我管理对人、对己都很重要，尤其是作为创业领导者，更是如此。笼统地讲，自我管理包括两个层面：从消极层面说，是对自我感性任意的约束；从积极层面说，是对自我理性行为的培养。

一、自我管理的消极方面

对自我感性任意的约束，包括不良生活习惯的戒除、欲望克制和冲动把控等内容。按照德国哲学家康德的说法，在自我感性任意尚未得到约束时，人的好习惯很难建立起来，也就无法进入深度培养环节。如果说自我管理是创业领导力提升的前提，那么，对自我感性任意的约束，则是自我管理的前提。

黎明创立了一家专注于平面广告的公司。他有很多理想，比如建立一支属于自己的平面广告模特队，三年内发展至少 10 家 500 强客户。他经常把公司的战略定位传播给追随者，希望他们能团结起来，与他一起“干大事”。有一段时间，他突然发现员工们非常散漫，毫无斗志。有一位 50 岁的男员工，经常在办公室抽烟，惹得其他员工怨声载道；有一位不到 30 岁的女员工，三天两头请假，说是身体不舒服；前台小姑娘经常玩手机、打游戏，有时客户进门了都不知道。黎明非常苦恼，决定改变这一情形。经过一段时间的调研，他发现，原因竟然出在自己身上：他自己有独立的办公室，所以能无所顾忌地抽烟，但隔断是玻璃的，大家都能看到；他喜欢打牌，没事儿的时候就溜号，员工给他打电话的时候经常能听到麻将声；他时间观念差，又仗着自己是老板，经常迟到早退……久而久之，追随者便开始效仿。黎明一开始的时候批评了几位员工的不自律，结果私下里大家都说他是“只许州官放火，不许百姓点灯”，依然我行我素。黎明说：“从那以后，我就想着自我管理逃不过去了，必须从自己做起，否则公司也完了。我开始戒烟、戒牌，严格考勤，感觉自己的生活一下健康了不少。一段时间之后，大部分员工也都开始自律起来。只有那个老请假的女员工走了，她早就想走，请假就是为了接私活儿。”

创业领导者对自我感性任意的约束，既是“做给自己看”，又是“做给别人看”。“做给自己看”是指深入挖掘自身存在的种种“坏习惯”和“坏欲望”，然后运用理性管束之，让“好习惯”和“好欲望”有对自己显现的机会。“做给别人看”是指创业领导者利用追随者对自身的认同，使其仿效自己的行为，为共同形成“好习惯”和“好欲望”而努力。追随者可能经常看不到领导者的“伟大成就”，但却能看到他的“自我修养”。

从更高层面上说，人身为自然界的一分子，动物性与生俱来。动物性最大的特征就是趋乐避苦、趋利避害。趋乐避苦就是顺应本性，好吃、好色、好玩，快乐就是目的。趋利避害就是寻求自身利益的最大化，避免一切可能伤害自我的行为。创业维艰，趋乐避苦者自然不可能成为创业领导者。创业领导者只能“苦中作乐”，因此凡创业者必须做好吃苦耐劳的准备。创业领导者必须要趋利避害，否则创业无法持续，但又不能只盯着“利”。否则，整个企业就会陷入无序状态之中：或者过于重视短期利益杀鸡取卵，或者唯利是图丢失客户，或者利益争夺增加内耗效率低下，如此种种。因此，对感性任意的约束，实际上是对人的动物性的约束，有着极其重要的现实意义。

对感性任意的约束是消极的，其目标是为积极的自我理性行为培养做准备。

二、自我管理的积极方面

初创企业赖以生存的环境变数较大，自身抵御风险的能力较弱，创业领导者面临的最大挑战是能力不足、本领恐慌。增强能力和本领，不仅要学习知识和经验，更为重要的是学会理性思考和正确行为。因此，当创业领导者通过自律解决了坏习惯问题之后，最紧迫的就是对自我理性行为的培养。

对自我理性行为的培养，包括主动学习、品德修养和生涯规划等方面。主动学习是为了增强创业领导者自身本领，发展其专业技能、管理技能、概念技能和反思技能，以应对各种各样的挑战。这其中，概念技能可以扩大创业领导者的心理格局，提升其抽象思维能力，有利于把控大局和战略定位。反思技能可以扩大创业领导者的胸怀，帮助其抵御各种挫折并获得经验教训，有利于建立和谐的人际关系和客户关系。许多企业之所以能够成功地发展、壮大，很大程度上依赖于创业领导者的主动学习能力。

在访谈中，有多位创业领导者表示，自己最爱看的书籍，并不是专业领域和管理学方面的，而是哲学和人物传记。理由是，读哲学，能够提升思维层次，打开思维空间，获得境界感，从理论上增强概念技能和反思技能，把控大局、深度思考需要依靠哲学；阅读人物传记，则能使人从旁观者的角度，从“一生一世”和“历史”的整体高度进行反思，明兴衰、知荣辱、学教训。原万科董事长王石，对褚时健倍加推崇，曾力邀传记作家为其立传。他明确表示，褚时健对他的吸引力就在于，这样一个几乎从未走出过大山的人，在几乎没有商业环境的地方，是如何面对潮起潮落铸就辉煌的。实际上，王石思考的问题，又何尝不是广大创业领导者应该思考的问题。这一问题的解决，不依靠创业领导者的主动学习，如何可能呢？须知，褚时健无论是做糖、做烟还是种橙，无一不是向书本学习、向专家学习、活到老学到老的结果。

品德修养，显而易见，一方面能使创业者“问心无愧”地行事，达到“安己”的目的；另一方面能赢得追随者和客户信任，达到“安人”的效果。品德修养，人人都知道重要，人人又都知道：一时的高尚情操容易，一世则太难，尤其是在遇到困境和考验时。创业领导者非常容易有“原罪”，这是因为初期，企业面临着各种各样的问题，不进则退，不发展即破产。于是许多创业领导者铤而走险带着企业渡过难关。

曾经有一位做IT的创业者说，他在企业发展初期，营收压力特别大，好几口子人等着发工资养家糊口。于是，他在开发APP的过程中植入了流氓程序，并因此获得了原始资本积累。等到企业进入正轨之后，他果断地撤掉了依旧能给他带来现金流的流氓程序，理由是“一直良心不安”。

创业领导者应该有自己的道德底线，有所为有所不为，尽管没有任何法律要求创业领导者成为道德楷模，但至少要“不作恶”“知错能改”。否则，正常的市场经济秩序就会被扰乱，规则就会被破坏，迟早会伤害到自己。

生涯规划要求创业领导者对自己未来的发展有清晰认识，这是因为，初创企业与其领导者的命运是紧密联系在一起的。如果创业领导者以创业为职业，那么初创企业就需要进行整体谋划，求得生存、壮大、上市的机会。如果创业领导者仅仅只是为了出售企业获得利益，那么初创企业就需要在技术研发、品牌建立等方面有明显的发展侧重。如果创业领导者认为自身的性格、兴趣、能力、价值观等不适合企业的日常管理，那么就需要寻找能够“互补”的合伙人……创业领导者有不同的生涯规划，创业也就有多种方式和结局，前者对后者具有深远的影响。创业领导者不可不察。

自我管理对于提升创业领导力的意义在于：创业领导者在初创企业中的个体重要性毋庸置疑，没有自我管理力就不可能赢得、凝聚、影响追随者。即使企业成长起来之后，创业领导者的自我管理力依然能够不断地提升自身魅力吸引人才，并能极大提高企业整体行为水平。很难想象任性放纵、品德不端或是不思进取的领导者能够长期执掌企业、带领企业发展。简言之，创业领导者的自我管理力不仅是创业领导力提升的前提，还是使其不断发挥效力的关键元素。

第二节 自我管理的方法

无论是对自我的感性任意进行约束，还是培养理性行为，都是说起来容易做起来难。这就是为什么许多人立志自律，却屡屡失败的原因。与其他领域的管理一样，自我管理需要有方法论支持：自我管理必须坚持原则，掌握程序，唯其如此方能“有效”；否则，就有可能事倍功半。

一、自我管理的基本原则

自我管理的基本原则主要有三个：一是积极性原则。研究表明，人的心态对其行为有显著影响。当人的心态持续消极时，会出现注意力不集中、对人对事漠然乃至引发胃溃疡、神经衰弱等身体病痛。反之，则会提升做事效率，对人热情，身心愉悦。创业领导者面临巨大的身心压力，如果不积极思维，阳光心态，将会对其事业和健康产生不良影响。领导学大师沃伦·本尼斯告诫，“关键在于，不要成为情绪的牺牲品，不要被未解决的情感所左右，不要被自己的经历所消耗，而是富有创立力地利用它们”①。不过，积极性原则并不是“鸡汤”。二者的显著区别在于：“鸡汤”运用文字煽动情绪，缺少理性分析，有时为了照顾效果甚至捏造故事，比如说什么老鹰活到 40 岁的时候会拔毛断喙求得重生之类；积极性原则重视理性，是在科学辨别、合理评估的基础上，运用正面

① [美]沃伦·本尼斯．成为领导者．徐中，姜文波译．杭州：浙江人民出版社，2016：155.

情绪乐观看待事态发展，比如既要看到创业有风险，又要看到风险是可以通过科学的方法予以控制的，不能因为存在风险就悲观失望，而是要乐观积极地寻求解决策略。当然，有的“鸡汤”富有启发意义，喝起来有滋有味，创业领导者不妨尝试，不过，创业领导者始终要对“毒鸡汤”保持警惕，避免产生不切实际的幻想。

二是具体性原则。自我管理的最大特征是直面内心，它的对象就是当事人自己。因此，自我管理首先要做到的就是不自欺。所谓自欺，就是通过言语、花招等各种方式对自我的麻痹。

有的创业领导者草草看了一遍《管理学》教材，就认为自己已经学过管理学，可以进行管理实践了。“草草看了一遍”就是花招，“认为自己已经学过管理学”就是自我麻痹。要揭穿这种自欺，最有效的办法之一，就是出张卷子考试，或者做案例分析。“考砸了”也就意味着自欺破灭了。由此可见，只有最为具体的东西，即“出张卷子”、“案例分析”，才能帮助自我摆脱欺骗。

一般来讲，具体的东西，就是指可见、可感、可得、可衡量和无争议的东西。可见、可感和可得容易理解，若是做不到这“三可”，多半就是虚幻的。可衡量是指能够通过某种方式进行相对精确的计算和比较，而不是仅仅用“还可以”、“不错”之类的模糊标准去表述。“加强锻炼”是模糊的，“每天跑步 5 公里”才是可衡量的。无争议是指能够获得广泛认同，而不是靠“一家之言”的解释。创业领导者意识到财务和会计的重要性，通过主动学习，觉得自己水平不错，这里的“水平不错”可以争议；但是，如果获得了注册会计师资质，“水平不错”就是无争议的。

三是自我监督与外在监督相结合原则。自我管理首先要诉诸自我监督，这是因为，同其他管理一样，设定了目标就必须配套监督，没有监督，目标肯定无法实现。然而，仅仅依靠个体的高度自律，自我监督自我，效果非常有限，遇上困难之后，“自我监督自我”可能就变成了“自我何苦为难自我”，于是“自我放纵自我”，自我管理失败。因此，当自我管理的目标设定之后，就需要通过自我监督和外在监督相结合的方式保证目标实施。一方面，自我设定赏罚标准和执行策略，运用“内疚感”、“挫败感”等自我否定方式实施自我监督。另一方面，外在监督依托外在力量，包括亲人、客户和追随者等，对自我管理行为进行约束。外在监督必须严格，自我必须认奖认罚，否则就失去了意义。

二、自我管理的核心环节

原则设定之后，为了保证自我管理的系统性，在刚开始时，创业领导者需要遵从一定的步骤。其中，最核心的环节有六个：立体评估、自我探索、外部探索、生涯决策、付诸实践和反躬自省。

在制订自我管理计划前，创业领导者首先要对自己的基本情况有所了解，然而要做到客观、准确、系统的“自知”很难，这就需要立体评估。立体评估是指通过全方位、多层次的方式，运用一定的评估工具，对自身及其周围情况进行近似描述的过程。常见的立体评估的方式包括360度评估、关键事件评估、叙事评估和量表评估等。360度评估是指通过对与创业领导者关系密切的人群进行调研和访谈，即从他人角度，判断其心理状况、情绪状况和能力状况等。关键事件评估需要创业领导者挖掘以往生活经历中具有重大意义的事件，阐述赋予该事件意义的原因及其表现了创业领导者哪些素质和能力。叙事评估通过创业领导者对创业经历和其他经历的描述，采用关键词摘取等技术手段，在一定程度上了解创业领导者的兴趣、价值观等。量表评估基于心理学研究，采用一系列技术手段对创业领导者进行评测和分析，综合反映其基本情况。这些评估方式可以综合使用，互相补充。在完成立体评估之后，创业者需要分析结果，找出满意方面和不满意方面。对于不满意方面，创业领导者要高度重视，从自我探索和外部探索两方面深入分析原因。

创业领导者进行自我探索的目的，是了解自己的兴趣、性格、能力和价值观。兴趣探索能帮助创业领导者判断自己对当前创业项目的“感冒”程度，以及自己对“领导”行为本身是否“合意”。对于大多数人而言，只有对所从事的工作有兴趣，才能全身心、可持续地投入，甚至达到废寝忘食的程度。性格探索能帮助创业领导者判断自己是否适合当前创业项目或者适合在创业团队中扮演哪种类型的领导角色。内向型性格的创业领导者可能不太适合直接与客户打交道，因此在选择创业项目时就要避免那种人际关系型的创业项目，或者需要在创业团队中雇用与自己性格互补的成员。能力探索一方面能帮助创业领导者判断自己适合做哪种类型的创业项目以及能够将某个项目发展到何种程度，另一方面会提示创业领导者作为技术人员和管理人员双重身份拥有者的能力缺陷，并提出应对策略。价值观探索能挖掘创业领导者内心深处不可动摇的方面，帮助其构筑企业愿景和设定一般战略。

自我探索强调主体性，外部探索强调客观性。创业领导者进行外部探索，是要在“人”与“事”、“内部”与“外部”之间实现匹配，做到主观与客观相统一。外部探索包括三个层次：一是宏观层次上，创业领导者要掌握国内外经济政治形势，选择利国利民的创业项目，唯其如此，初创企业发展才有可能“顺风顺水”。比如一些高耗能、高污染的行业已经成为夕阳产业，创业领导者不宜进入。方法上可以运用最为常见的PEST模型。PEST模型是一种宏观环境的经典分析工具，要求创业领导者从政治(Politics)，经济(Economy)，社会(Society)和技术(Technology)四个方面及彼此之间的关系入手，判断创业项目的现实方位及发展趋势。二是中观层次上，创业领导者要掌握行业形势和行业发展动态，寻找扩大盈利增长点的方式。方法论上可以运用波特五力模型。波特五力模型在考虑行业竞争时，认为对其中五种力量的分析最为关键。五种力量包括：现有竞争者的竞争能力、潜在竞争者进入的能力、替代品的替代能力、供应商的讨价还价能力和购买者的讨价还价能力。三是微观层次上，创业领导者要掌握初创企业的战略定位、结构、制度、人力和文化等方方面面，这是与创业领导者直接接触的部分，也是最容易被忽略的部分，警惕“灯下黑”效应的存在。通过外部探索，明确了初创企业和项目的境况，创业领导者也就明白了自己的境况。

创业领导者完成自我探索和外部探索之后，要将二者统一为创业生涯决策。创业生涯决策即是根据自我状况和外部状况，做出与创业有关的最终行动方案。创业生涯决策的常用工具主要是 SWOT 分析。在 SWOT 分析中，S（Strengths)是优势、W（Weaknesses)是劣势，O（Opportunities)是机会、T（Threats)是威胁。通过对创业领导者进行 SWOT 分析，就可以做出不同的决策方案，包括 SO 方案、WO 方案、ST 方案和 WT 方案。SO 方案意味着创业领导者有很好的机会发挥优势，如创业领导者拥有技术优势，而社会对该技术需求非常旺盛，此时创业领导者应该乘胜追击、抓住机会，扩大创业空间。WO 方案意味着创业领导者虽然有很好的机会，但是其在这一领域处于劣势，如业务需求量大，然而创业领导者能力水平有限、人际关系资源不足等，此时应该想方设法扭转局面，把劣势变成优势。ST 方案意味着创业领导者虽然在特定领域处于明显优势，但是机遇不好，如创业领导者技术一流，可是市场对该技术的需求已经萎缩，此时应该努力扩展空间，走特色发展道路，创造机会。WT 方案意味着创业领导者在特定领域不具有优势，机遇也不佳，如创业领导者的某项技术曾经领先但现在已经过时，且市场萎缩严重，此时就应该果断防御，减少财力、物力和精力的浪费。

任何决策在做出以后，都必须付诸实践，否则就是纸上谈兵。无论是从个人自我约束还是理性行为方面，执行力不足是创业领导者面临的核心问题之一。常见的理由是：最近太忙、临时有事、要见客户、员工休假……创业领导者有自我管理的决心，却没有自我管理的行动，既是对自己不负责任，也是对企业不负责任。造成这一现象的根本原因是：创业领导者没有从内心深处高度重视自我管理。如果足够重视，执行力绝对不是问题。比如，为了争取客户订单，创业领导者起早贪黑地开会、讨论、做方案、出差、与客户沟通、反复修改，乐此不疲。为什么不重视？归根结底还是“短视型绩效”作怪。自我管理力的提升不能马上转换成数字和货币，可以等“有时间”的时候再执行，然而，不重视永远都不会“有时间”。归根结底，提升自我管理的执行力，从方法的角度说，只能是通过运用完整的自我监督和外部监督策略。当然，适当地进行自我奖励也是行之有效的方法。但是，不加以重视，任何提高执行力的方法都无济于事。

自我管理需要时时反躬自省。自省既包括内容，也包括方法。创业领导者经常需要问自己五个问题：(1)我所做的事情有多大价值？这是保证事情能够继续做下去、做好的根本动力。(2)我如何能够更有效地激励团队？这是凝聚团队、提升效率、增强战斗力的关键。(3)我需要在哪些方面进行自我改善才能成为追随者的榜样？这是创业领导者对自己负责、对追随者负责的表现，是提升领导者威信、追随者忠诚度和企业形象的有效手段。(4)为了实现战略定位，我接下来需要做什么？战略定位是企业发展的方向和牵引力，不忘初心、砥砺前行，是创业领导的应有之义。(5)我个人有什么方面的进步？创业领导者不仅是带领企业发展，更是自己作为个体在发展。创业的方向会发生变化，创业领导者也许有一天也会厌倦创业，此时，个人一直以来的进步就会成为成功转型的基础。通过对这些问题的回答，创业领导者就能够对自身处境有清晰认识，不断地进行自我升级。

需要指出的是，当创业者度过了初创时期，进入相对成熟的企业经营阶段之后，就不用再完全拘泥于这套自我管理程序了。因为此时创业领导者已经能够高度自律，对自我和外部世界有了较为深入的了解。但是，阶段性的立体评估和反躬自省依然必不可少。变化总在发生，创业领导者一刻都不能懈怠。

第三节　自我管理的艺术

自我管理相当“人性化”和“个性化”。“人性化”是指自我管理以“人自身”

而非“物”为对象。“个性化”是指每个人都是独一无二的个体，自我管理需要区别对待。自我管理中，最科学的部分是各种各样测试工具的使用，许多创业领导者也沉溺于此。这些看上去确定性的测试，不仅有非常“客观”、“理性”的分析，还非常有趣，甚至于有故事性。然而，职业兴趣类型论创始人霍兰德在从事了多年科学化研究之后，意味深长地指出，无论采用多少种量表去帮助他人进行自我探索，最有效的方式依然是直接问他你想做的事情是什么。这就是说，自我管理固然可以通过各种各样的分析工具进行，但是分析测试的结果只是参考，绝不能作为创业生涯决策的唯一依据。创业领导者既要尊重“测试”，又不能被测试“挟持”甚至“控制”，要学会自我管理的艺术。

一、激发自我的正面情绪

诚如前文所述，创业领导者的正面情绪有益身心，并且能够提升个人状态和工作水平。更为重要的是，正面情绪能积极影响他人。弗里斯认为：“大多数领导者似乎有个共同点：能够唤醒追随者的原始情绪。有类领导者很有感召力，能让追随者觉得十分可信、自豪；或者说很有蛊惑力，能让追随者觉得无助、渴望有人可依赖。”①试想，如果作为“精神领袖”的创业领导者每天愁眉不展，企业里会是一番怎样的情景？追随者可能会工作情绪低落、抱怨、愤怒、失望……更为关键的是，负面情绪除了让人痛苦之外，别无他用，根本无利于问题的解决。因此，自我管理的第一要诀，就是创业领导者要千方百计地激发自己的正面情绪。那么，如何做到这一点呢？实践证明，最有效的办法是：培养健康的兴趣爱好、培训和心理咨询。

创业领导者一定要培养健康的兴趣爱好。这是因为，兴趣爱好没有那么强烈的目的性和功利性，能使人积极投入，放空自我，感到身心愉悦，从根

① ［荷］曼弗雷德·凯茨·德·弗里斯．领导力与职业生涯反思．丁丹译．北京：东方出版社，2016：9.

本上改变创业领导者对人、对世界、对价值的看法。之所以强调兴趣爱好要“健康”，是因为诸如“抽烟”、“喝酒”一类的喜好，虽然也能在短时期内使人愉悦，但长远看来，可能会形成依赖性，对健康不利，不宜提倡。最适合创业领导者的健康兴趣爱好包括：阅读、运动、益智游戏等。

阅读是无声的老师。阅读者没有面对面交流的压力，却能够学得知识、方法，培养情操和境界。

通过阅读名人传记，了解名人的苦难与辉煌，能够帮助创业领导者厘清思路，建立战胜困难的信心。孔杰的餐馆在经历了两年多的勉强支撑以后，终于“关门大吉”。不仅前期投入血本无归，妻子也带着孩子离开了他。他一度情绪非常低落。后来他读到了褚时健的传记，了解到这位出生于1928年的老人跌宕起伏的人生，深深折服于其74岁还进行第二次创业并大获成功的事迹，他说：“别人很难想象我那个时候的心情。朋友们对我的一切开导都没用，我只想静静地待着。直到我看到了《褚时健传》，读着读着我就觉得这是我想要的。我会经常想，如果这位老人处在我的境地，他会怎么做呢？我觉得他根本不会把我的失败当回事，大概太小了吧。”读完之后，孔杰的心情明显好多了，面对朋友时，脸上开始有了笑容。他终于成功走出低谷。古今中外，通过阅读摆脱人生挫折、慰藉心灵的案例不胜枚举。

阅读带来的影响更多是精神性的。除此之外，通过体育运动，能够帮助创业领导者宣泄不良情绪，强健体魄，保持旺盛精力。“很多领导者(但远非所有的领导者)都爱好体育运动，而且很希望能够得到关于自己成绩的反馈以及各种相关数据。他们也像运动员一样经常根据从前的成绩给自己设定更高的目标。”①通过棋牌类娱乐活动，能够锻炼创业领导者与人沟通交往的能力，培养其大局意识和独立意识。通过旅行，能够拓宽创业领导者的眼界，如此种种，不一而足。对五十余位创业领导者的访谈也证实，大部分成功的创业领导者都有各种各样的兴趣爱好，不少人还是相关领域的高手：健美操冠军、瑜伽教练、攀岩勇士……不过，运用兴趣爱好虽然对激发自我的正面情绪有效，但需要长期坚持，不能起到立竿见影的效果。如果需要尽快走出情绪低谷，需要结合培训和心理咨询的方式。

培训是指在一定时期内，运用专业技术手段，对受训者进行高强度的正面情绪激发训练。当创业领导者发现自身及其所带团队出现了情绪问题，依靠常规调整方式缓解程度有限时，就应该采用培训的方式予以解决。系统化的培训不仅能带来相关理论知识，更能通过实践操练帮助创业领导者学以致用。但是，对于初创企业而言，培训意味着成本和费用。并且，培训解决的一般是共性化的问题，当需要进行具体问题具体分析时，常常应对乏力。这个时候，创业领导者就该考虑采用心理咨询的方式了。

心理咨询通常面对的是严重、紧急、高度个性化的情绪问题。创业领导者要认识到，创业过程中，自身及追随者往往要承受超出常人的压力，情绪问题的出现属于正常现象，因此，应该对心理咨询保持开放态度。

杨晓芸是一位经常出入心理诊所的创业者。她离婚之后，失去了生活依靠，决定成立画室，兼做美术教育，试图解决生计问题。刚开始时，尽管她本人学的是油画专业，但却发现画画时注意力根本不能集中。她说，“一画画，满脑子都是前夫的各种不好，就会很生气。又想到自己孤身一人，没有事业、没有家庭，拜访客户不顺，订单少，憋屈得不得了。每次拿起笔又扔掉。”为了解决这种负面情绪，她先是参加了

① ［美］沃伦·本尼斯，伯特·纳努斯．领导者．赵岑，徐琨译．杭州：浙江人民出版社，2016：61.

一个公司的“情绪管理”培训，“效果还行吧，起码我懂得了情绪管理是怎么回事儿，也学会了一些方法。但是，我的心结还是没打开”。直到走进心理诊所，在专业人士、工具和技术的帮助下，杨晓芸才逐渐从离婚的阴影中走出来，才能“画点画，教点学生”。

由此可见，激发正面情绪光靠“鸡汤”远远不够，必须从身边的生活开始，慢慢改变。必要的时候，适当的培训和心理咨询都可以成为助推力量。创业领导者不要过高估计自己的能力，遇上解决不了的负面情绪，要学会接受别人的帮助；也不能“洁身自好”，要学会帮助、引导追随者走出情绪困境。

二、凝聚自我的分散时间和精力

德鲁克指出：“卓有成效如果有什么秘诀的话，那就是善于集中精力。卓有成效的管理者总是把重要的事情放在前面先做。”①然而，创业领导者经常面临的一个困难是：要处理的事情过多、过于繁杂，很难集中时间和精力做系统思考：客户多，维护关系不易，吃饭喝酒联络感情，必须创业领导者亲自“上阵”；消防、工商、税务、孵化器……必须创业领导者亲自“处理”；办公室里，各种业务、会议、杂事，必须创业领导者亲自“张罗”；项目进展、工作进度、员工培训，必须创业领导者亲自“过问”。凡此种种，创业领导者的时间被安排得满满当当。然而，这种状态与“领导”是相悖的：管理者可以把焦点放在各种各样的程序性、琐碎的事情当中，但是领导者必须要把握全局、掌控方向、抓住大事，站在一定高度考虑问题。如果创业领导者把大量的精力消耗在日常事务的管理中，企业发展就会出现根本性的问题：缺乏战略系统性、短视盈利、员工发展受限、业务层次低等。因此，领导者要

---

① [美]彼得·德鲁克．卓有成效的管理者．许是祥译．北京：机械工业出版社，2017：97.

学会进行时间管理，凝聚自我的分散精力。

创业领导者要秉承的第一原则是：有的放矢，要事优先。也就是说，创业领导者要学会辨别哪些事情是重要、根本、全局性的，哪些事情是可以不做或者授权追随者完成的。在必须做的事情方面，哪些事情需要优先处理，哪些事情可以延后。创业领导者可以运用管理大师史蒂芬·科维创立的“四象限法”对做事情的顺序进行分析。在科维看来，事情可以分为四类：紧急而重要、不紧急但重要、紧急而不重要和不紧急且不重要。众所周知，需要第一时间处理的事情，必然是紧急而重要的事情，比如项目完成的期限将至，不完成可能会面临高额罚款。紧急而不重要的事情常常耗费创业领导者大量的精力，却没有太多实际价值。每天无数次接打电话就属于此类，创业领导者可以有意识地尽量避免无效沟通。不紧急且不重要的事情，创业领导者自然知道不应该耗费时间和精力，然而，这类事情通常都是已经开始做甚至完成了之后，才发现其无效用的本质。所以，做事之前再三甄选就显得尤为重要。真正能决定企业命运的，是不紧急但重要的事情。公司的战略定位，非常重要。但是由于它不能马上带来经济效益，即便很长一段时间不明确，也不影响公司的正常运行，似乎不紧急。可是，当企业发现方向性问题，意识到战略定位的重要性时，已经完全来不及了。此时，资金、人力、物力都已经大量投入，损失可想而知。因此，要事优先，但不能仅仅盯着紧急的要事，还要关注容易被忽略的不紧急的要事。否则，后者迟早会转换成前者，甚至于连转换的机会都没有就失败了。总而言之，创业领导者要把时间和精力放在要事上。

另一方面，创业领导者要学会对零碎时间和精力的整合运用。高效能的领导者会抓紧利用等候、乘坐飞机火车、会议间隔，甚至上厕所的时间处理事情。

欧阳是一位教育培训类的创业者，非常注重零碎时间和精力的利用。他经常做的事情就是在卫生间放一本书，每天早晨起床如厕时阅读，已经坚持了近十年。按照他的说法，上卫生间时无事可做，什么书都能读得下去。他把乘坐火车当作减压的工具：只要不超过八小时，火车上就是绝佳的沉思、读书和放松的场所。他描述道："有一次，去云南出差，要跑昆明、西双版纳、临沧等好几个地方，云南的陆上交通不发达，需要不停地飞来飞去。飞机嘛，晚点是经常的，候机、乘坐也都需要时间，白白浪费这些零散时间我觉得很可惜。于是，我就索性拿出之前公司研发的'烂尾'课程，在这些零碎时间里，重新构思、修改、写大纲。没想到飞回北京的时候，'烂尾'课程已经被我救活了。实际上，我原先计划是要在有整块时间时再弄套课程的。从那以后，我就开始关注这些'零散时间'了，并要求我的团队也这么做。"

初创企业员工少，事务繁杂，尤其是许多事情需要创业领导者亲力亲为而不能假手于人。利用好零碎时间和精力，创业领导者会发现，工作的效能提升了。

三、以"信仰"破除"我执"

诚如前文所述，创业领导者要破除"我执"。我执，就是对自我的强烈执着，执着财富、权力、名誉、得失之类。许多创业领导者从无到有创造公司，非常艰难，生怕既有的一切被他人抢走，惶惶不可终日，所以特别小心谨慎。有的创业领导者不信任职业经理人等"外人"，"任人唯亲"，"事必躬亲"，在力所不能及的情况下仍苦苦支撑，导致企业走向衰落。有的创业领导者为了控制成本，不愿意花费更多财力、精力和物力去维持与客户的长远关系，导致企业客户流失，营销受阻。还有的创业领导者对追随者严苛控制，把追随者当作私有财产随意支配，等等。应该说，"我执"是一种普遍现象，创业领导者加倍珍惜自己所创造的一切，是可以理解的。但是，过分的执着却是一种病态，有的时候越是执着，越是"执不住"。破除"我执"是极其困难的事情，不过，创业领导者要明白，破除“我执”，并不是没有自我，而是不过分强烈地执着于自我。那么，如何做到不强烈的执着呢？答案是，有信仰。

信仰不是盲信，更不是迷信，它是一种主观上的确信，能够给人以生存和生活的动力。所谓主观上的确信，就是信仰者相信的对象虽然无法在现实中直观和确证，但是其主观上抱有坚定信念。信仰的对象可以是宗教，也可以是某种理论、理想、制度、道路。有了信仰，人就会一心向着“伟大”目标前进，心无旁骛，不会过于在乎自我的一时得失荣辱。信仰，是“天助”，更是“自助”。不过，人的信仰不会凭空产生，大都有“背景”。信仰的建立是反思的结果，是对自身经历的一种审视。信仰本身虽然是主观的，有一定偶然性的成分，但是有现实基础。当然，这里说的信仰，绝不特指宗教信仰，相反，宗教信仰从世界观的角度来说存在很多问题。但是，辩证地说，宗教类书籍确实都有一套破除我执的有效策略。创业领导者可以进行批判性的阅读，借鉴其中的一些有效方法，比如参禅、冥想、打坐、做瑜伽等。

信仰离不开理性，这是因为只有理解，才能信仰。中国人信仰马克思主义，就是因为历史实践证明，只有马克思主义能够救中国、发展中国。创业领导者建立信仰，但信仰对象绝不是靠拍脑袋“选出来”的，而是要养成理性思考的习惯，弄清事物本质，做到真信、践行，否则信仰就沦为了空喊口号。

创业领导者信仰“商业精神”，这就意味着必须要明白：每一件事情的成功与否，既有主观因素，又有客观因素；既有必然性的方面，又有偶然性的方面；既有创业领导者能把控的方面，又有创业领导者不能把控的方面。因此，创业是有风险的，风险与创业不可分离，选择了创业，也就选择了风险，“与风险共舞”是“商业精神”的核心要素，这对于所有创业者而言都是公平的。有这些认识还不够，信仰“商业精神”还要求创业领导者要尽心尽力做好力所能及的事情，咬定青山不放松。对于那些做得不好的事情，要积极总结经验教训，意识到自责与抱怨于事无补，不如把目光放得长远。对于那些做不到的事情，要处之泰然，承认人的有限性，不能妄自菲薄。同时，注意观察时机，有的事情现在做不到，但是经过努力以后能做到，这就需要查漏补缺，增强本领。由此可见，真正信仰“商业精神”的创业领导者是理性的，不会堕入到“我执”的泥坑之中。

需要指出的是，创业领导者还需要认识到，即便“信仰”能破处“我执”，却只能破除我的“我执”，无法破除他人的“我执”。因此，企业和社会实际上都处在“自我”与“自我”的交往关系之中。两个“自我”相争，最终的结果必然是“你死我活”，“两败俱伤”。如果两个“自我”互助，最终的结果很可能是1＋1＞2。一般而言，创业领导者要相信人都是理性的，和则兴盛，斗则两伤。当然，万一遇上那些过于执着的“自我”，创业领导者也要果断拒绝，否则，贻害无穷。无论如何，创业领导者都要守住自己的信仰。

四、自我监督中的“奖”与“罚”

自我管理如果能有些奖罚，效果当然会好一些。但是，难点也就是“奖”与“罚”。因为是自我管理，可以“超额”奖励和“过度”奖励，也可以不自罚或是削减处罚，因此有必要引入他人监督。但他人监督也有瓶颈，自我管理毕竟与他人没有直接利益关系，容易“监督不力”。或是因为责罚，反倒损害了自我与他人的关系。况且，自我如果“赖皮”，他人能有什么办法？那么，怎样实施自我管理中的“奖”与“罚”呢？

首先，“罚”要及时，“奖”可延后。创业领导者在对追随者进行“奖”与“罚”时，要做到“奖”要及时，“罚”可延后。这是因为，“奖”有明显的激励作用，及时嘉奖可以促使追随者乘胜追击；“罚”则有明显的惩戒作用，延后处罚一来可以刺激追随者将功补过；二来可以给创业领导者更多时间观察，决定处罚方式、时机和力度，从而获得较多回旋余地；三来惩戒不是目的，只是教育手段，归根结底是要追随者深刻反省错误。只有对错误心服口服，追随者才会“认罚”。然而，创业领导者若是实施自我管理，则需要调整“奖”与

“罚”的顺序，将其反过来，即“罚”要及时，“奖”可延后。理由是，奖罚他人时，自我是外部；奖罚自我时，自我是内部。因此，如果不及时对自我破坏规则、计划、进度等行为进行处罚，自我就会一而再，再而三地犯同类错误。一段时间后，自我就会完全不受约束，从而导致自我管理失败。至于奖励，由于是自我奖励，以什么方式奖，什么时候奖，自我是可以控制的，因此，无论是否及时，并不会影响行为强化。

其次，“奖”与“罚”须与物质相关。许多创业领导者之所以不能成功地进行自我管理，就在于“奖”与“罚”都仅仅停留在精神层面，比如自我表扬或是批评。然而，自我表扬或批评，并不会对自我有什么实质性的“伤害”，充其量不过是有些“内疚”乃至“讨厌自己”。一段时间后，自我又开始故伎重施，我行我素。在这个意义上可以说，与“物质”无关的赏罚不过是纯粹的游戏，没有实际效用。创业领导者如果下定决心要对自我任意进行约束和培养理性行为，必须召集信任的人组成监察小组，必须“真出血”。

创业领导者给监察小组支付一笔不菲的押金。如果创业领导者在自我管理过程中，无法实现既定目标，那么押金就将被酌情扣除。如果创业领导者表现优异，则押金返还，并可进行奖励性消费。这种“看似幼稚”的简单方式在自我管理初期是十分有效的。当创业领导者形成自律习惯之后，可以运用自我反省取代物质性赏罚。

再次，“奖”与“罚”应以结果为导向。许多创业领导者，尤其是大学生创业者认为，结果是暂时的，人总是生活在过程中，因此似乎更应该调整心态，尽量享受过程。但事实恰恰相反，“过程导向”只不过是一种慰藉方式，成败终究是“结果导向”的。对于自我管理而言尤其如此，过程没有结果重要，享受过程不能用作无法得到结果或结果不尽人意的推脱之词。

创业领导者为了提升时间管理能力，每天利用下班时间努力学习，过程非常让人感动。然而，一个月以后，创业领导者的行为并没有任何改变，企业绩效也没有任何提升，结果显示，创业领导者的自我管理失败了。追随者会认可那个“令人感动的过程”吗？很显然，追随者只在乎绩效的变化。创业领导者自己同样不会认可“过程”，他清楚地知道自己失败了，因为没有实现任何行为的改变，即没有实现预定目标。

自我管理中的“奖”与“罚”必须制定评判的金标准，即“以结果为导向”。当然，在自我管理的过程中，自我有时会发现原目标不合理。对于不合理的目标，自我需要做的是：检查执行方式是否存在问题，排除误判。如果执行方式没有问题，确认是目标不合理，那就要及时进行调整。需要指出的是，创业领导者必须明白，结果导向绝不意味着不重视过程，没有过程就没有结果，二者是统一的整体。

再次强调，自我管理力的获得具有特殊意义：自我管理不仅是创业领导者自己的事情，还关系到初创企业的生存和发展。一个无法进行自我管理的创业领导者，很难对追随者施加有效影响。创业领导者要进行自我探索，了解自我、认清自我，在此基础上，运用自我管理艺术对自我进行约束和培养。创业领导者要通过言传身教，积极影响追随者、引导企业行为，树立良好的企业形象。实践证明，创业领导人寻求融资和其他资助时，评委、投资人最为看重的，就是创业领导者本身。优秀的创业领导者，其选择的项目、团队和运营模式等也大都是优秀的。从这个角度可以说，创业领导者就是企业的第一代言人，代言的价值归根结底是由自我管理力所决定的。

第四章

结构变革：

创业领导力提升的框架条件

结构是企业的骨架。没有结构，就没有企业；结构不合理，企业运行就不顺畅。结构缺乏刚性，企业落脚点不稳；结构缺乏柔性，企业转型困难、抵御风险的能力弱。结构对于企业而言具有基础性意义，创业领导者必须具备结构变革力。与成熟企业不同，初创企业的结构是从无到有建立起来的，并需要时时根据功能、项目和任务做出变革。如果说，成熟企业的结构强调稳定以保证企业始终“在轨”，那么初创企业则强调能从灵活的结构变革中获得收益。在这个意义上，结构变革力对于创业领导者而言既是有力武器，也是体现显性创业领导力水平的重要方面。虽然有学者认为，结构既可以服务于显性领导，也可以服务于隐性领导：“领导者通过建立组织、合并组织和撤销组织等形式来影响被领导者的态度，改变被领导者的行为，这也是很有用的隐性领导的形式。比如，原来高耸的、金字塔式的组织结构有利于显性领导的实现，而如今扁平化的网络组织结构则更有利于隐性领导的实现。”①但是，无论显性还是隐性，诚如德鲁克指出的那样，“有效的管理者，第一项任务就是要将自己管辖下的职位都设置得合情合理。”②

第一节　结构变革与创业领导力

结构常常被理解为是封闭、共识态的东西。封闭意味着分析对象只关涉结构内部及其自身；共识态意味着分析时只考虑现实存在而排斥历时性，即历史性的条件。社会思潮中有结构主义一派，大抵都是从以上要点立论。实际上，结构具有更加丰富的含义，创业领导者不可“先入为主”，要深入理解和实践把握。

---

① 刘峰．新领导观．北京：北京大学出版社，2011：119.

② ［美］彼得·德鲁克．卓有成效的管理者．许是祥译．北京：机械工业出版社，2017：78.

一、结构及其内在逻辑

结构，从字面上来说，由“结”和“构”两部分组成。“结”既有作为名词的“结点”含义，又有作为动词的“连结”含义。从系统科学的角度看，每个“结点”就是一个元素，每个元素都是一个逻辑单元。逻辑单元又是由可以进一步细分的元素及元素与元素之间的关系构成。比如，财务部门、人力部门等都是企业的内部“节点”，“节点”依照一定的逻辑关系构成了企业本身。这些“节点”可以继续分解为更小的“结点”：财务部门可分为出纳、会计、分析等“结点”；人力部分可分为工资、聘任、福利、绩效等“结点”。这些更小的“结点”又由若干岗位依照逻辑构成。可以说，没有“结点”，系统无法建立，就无所谓结构。

“结点”如果仅仅只是原子式的存在，彼此之间没有“连结”，系统就不是有机的，就是静态、僵死的。黑格尔曾经有一个生动的比喻，他说，从人身体上割下来的手，就不是原来意义上的手了。质言之，手本身是人体系统的一部分，被割下来了，作为“结点”它依然存在，可是没有了“连结”，它就失去了功能，自然也就不再是真正的手了。“连结”是“结点”动起来的关键：财务部门有许多岗位，岗位设置时必须有战略定位，有制度、有原则、有流程，保证这些岗位的存在与互动必须能够在整体上实现财务部门的功能。这里的“战略定位”、“制度”、“原则”、“流程”等就是“连结”的具体方式。“结点”只有系统地动起来才有意义。从“结”的双重含义可以看出，结构不仅是静态的，还必须是动态的，否则，结构就是画在图纸上的画，没有现实价值。

“构”同样具有多重含义。“构”首先是“构成”，同样有“连结”的含义，这是对结构内在逻辑关系动态性的再次强调。其次，“构”可以是“构想”、“构思”。企业的结构不是随意设置的，必须由创业领导者(主责)与追随者通过理性思考共同组建。“构”的目的是要让“结点”和“连结”的设计更为合理。“构想”、“构思”不合理，就会导致“结点”冗余或缺位，内部关系混乱，流程不畅导致效率降低。再次，“构”还可以是“虚构”。“虚构”一方面强调了结构与人的主观目的密切相关，体现的是人的意志，具有理想化的成分；另一方面说明结构不仅能创设和消灭，还可以根据情况虚拟。虚拟不是幻想，更不随意，有充分的客观依据。比如虚拟组织。

在初创企业中，“结构”的关键词是合理，因此需要创业领导者依据战略定位慎重考虑。然而，由于没有“前车之鉴”，不懂得初创企业的特殊性，不了解各结构的功能、意义和关键，创业领导者在设计时很难做到合理。相当一部分创业领导者都是在缴了“学费”之后才“恍然大悟”。

某知名大学毕业的研究生黄华，是一家专门从事化学试纸研发与销售企业的创始人，他掌握着核心技术。成立公司后，他对结构设计做了精心规划。刚开始，他采用的办法是“头脑风暴”，他认为自己的公司需要十大部门，包括产品研发部、人力资源部、财务部、销售部、市场部、行政部、法务部、后勤部、公关部和工会。“当我在纸上写下这些部门名称的时候，我自己都笑了”，从来没有创业和企业管理经验的黄华说，“这么多部门，看来我把自己当成了世界500强，又或者我开了个‘政府’。”他参考了一些其他公司的结构设计，修改了第二稿，剩下产品研发部、人力资源部、财务部、销售部和行政部。黄华认为这些部门已经必不可少了，即将“招兵买马”之时，他遇上了一位有丰富创业经验的朋友，这位朋友告诉他，人力资源部和行政部可以合二为一，初创企业只需要有一个人处理内部事务就可以了。财务通常都是外包，一个月300块钱。创业初期能省则省，重点放在研发和销售，尤其是后者。销售有了收入，才能进一步投入研发。黄华恍然大悟，“如果当时真按照我的设想，我得养多少人，多花多少钱”。

结构分为常设结构、任务型结构和虚拟结构三类。常设结构是指维持企业正常运转所需要的固定组织，比如行政部门、研发部门和销售部门等。常设机构的最大特征是稳定性：掌握企业日常运营所需要的核心资源，处理一般性事务，通常不需要进行实质性变革。常设机构的核心任务是优化内部程序，明确岗位设置，提高工作效率。

任务型结构是指企业根据项目情况临时增加的组织，为了某个大型活动而专门成立的组织、为了某个大型客户而设立专门的服务机构等都属于此类。任务型结构的最大特征是任务导向性：随着业务的开展而设立，随着业务的结束而取消，存在时间依任务的持续时间而定。增加或减少任务型结构是初创企业结构变革的重要方面。这是因为一方面，结构增加或减少涉及企业战略定位的调整、内部资源的整合等，具有全局性；另一方面，任务型结构可以转化为常设结构。当企业经营的某项业务“意外”地成为主干，或是有良好前景时，可以将其“常规化”。

常设结构和任务型结构都是实体结构，有相关的人员、资金、办公场地等支持。虚拟结构是指没有实体的组织，通常采用兼职或临时抽调的方式进行，组织形式较为灵活。虚拟结构的最大特征是形式无定性：形式无定不是没有形式或不需要形式，而是指依据不同的工作目标选择形式。一些跨部门协调机构较为倾向于采用这种方式。

> 有的企业为了纠察不正之风，临时成立了由主管内部管理的副总担任主任的检查组，成员包括各部门的主管。不过，虚拟组织虽然是“虚拟”的，但有明确的目标和职权，因为“虚拟”是由“实体”来保障的，或者可以转化为“实体”。检查组纠察出来的问题，会交由董事会处理，而后直接通过人事行政部门落到奖金、工资等具体方面的“赏罚”。

创业领导者善用虚拟组织，能够减少大量的人力、财力和物力浪费，且不用“善后”，会取得意想不到的效果。结构变革重点聚焦常设机构和任务型结构。

二、结构与变革

利多指出："企业永远处于持续变化之中……成功地引领变革，是所有创业领导者的至关重要的技能。"①结构变革是指对企业结构进行调整、取消和增设。调整包括粗调和微调两种。粗调是对企业结构的大幅调整，这种调整涉及大范围的职能、人员、流程等方面的变动；相对应的，微调则是企业结构的小幅调整。取消是对企业已有结构的消灭，如果消灭的对象是任务型组织，需要同时取消对其的人力、财力、物力和办公场地的支持。其中，最为关键的是对人员的分流或解雇。增设是在企业内创建新结构或将临时结构转换为常设结构。如果企业增设的是任务型结构，需要给予其人力、财力、物力和办公场地的支持，这意味着需要增加内部管理预算。如果是将临时结构转换为常设结构，就需要对其地位价值、经费来源、岗位描述、工作流程等进行重新规定。比如，任务型结构日常开销，使用的是来源不固定、数额不固定的业务经费，一旦转换为常设结构，经费来源、数额等就应该纳入企业的日常管理开支中，可能会增加企业负担。

对于一般企业而言，结构微调是最为常见的现象，结构粗调、取消和增设则相当谨慎。这是因为，结构粗调可能会导致内部管理矛盾，降低部门效率。结构取消涉及部门之间职能和工作任务转嫁，可能会导致部门之间、上下级之间矛盾。同时，无论是人员分流还是解雇，都必须谨慎处理，很容易出现不稳定局面乃至发生群体事件。结构增设会大幅提升企业运营成本，人员招聘、培训等需要较长时间准备。另一个风险是，结构增设之后未必能达到预期效果，但"请神容易送神难"，退出时还会面临困难。

对于初创企业而言，结构的调整、取消和增设都较为常见，是独有优

---

① [美]德里克·利多．创业领导力．龚阿玲译．北京：中国人民大学出版社，2017：106.

势。主要原因在于初创企业人员较少，管理方式灵活，涉及的面不广，可以随时根据业务开展情况进行结构变革。创业领导者对企业的结构变革拥有较大话语权，阻力较小。但是，初创企业的结构变革虽然容易进行，但是很难评估、保证效果。创业领导者如果不能站在全局的高度深思熟虑，很有可能会“搬起石头砸自己的脚”。

大学生创业者李红拥有一家快餐企业，成立伊始，设立了行政、生产、门店和外卖四个部门。企业既接受现场用餐，又接受电话和网络订餐。生意好起来之后，门店部和外卖部经常“打架”，因为生产部无法同时满足现场用餐和外卖的需求。经常出现的情况是：要么现场用餐的顾客坐等时间太长，要么外卖订单配送延迟被差评投诉。为了解决这一问题，李红采用的方案是：成立订单管理部。所有订单都交付订单管理部，由其根据情况决定订单生产顺序。她在拥挤的店面里匀出一个单间，配置了电脑、电话，还招聘了两个人专门负责处理订单。然而，订单管理部才运行了两个星期就被宣布撤销。原因是：(1)门店部和外卖部依然在“打架”，因为谁完成的绩效高，谁的收益就高。只不过，打架的方式发生了变化，以前是争夺生产部的“特殊支持”，现在改为争夺订单管理部的“特殊支持”。(2)订单管理部的出现并没有明显减少现场顾客和外卖顾客的等待时间，投诉量依旧。(3)订单管理部的电脑坏过一次，大修花了不少钱。撤销结构就是李红一句话的事情，但是雇来的两个人是熟人介绍，并且他们本身没有过错。不得已，李红只好把他们安排到外卖部送餐，结果，惹得外卖部员工私下抱怨：又多了两个“分钱”的人。

从案例中可见，变革是否必要、变革效果如何、怎样实施变革、什么是变革时机等都困扰着创业领导者。处理不当，就有可能造成损失：李红解决

"争端"的办法可以有很多，比方说引进一套自动派单的系统，用电脑代替人工，既节省经费，又避免争议。李红后来得知存在这套系统并且价格低廉时，懊悔万分，实际上她只需做好前期调研，就不会犯这种低级错误。又或者李红可以增强生产部的能力，改善流程，扩大供给……从这个意义上可以说，能否妥善利用结构变革为企业发展服务，增强团队工作能力，就成为创业领导力水平的重要衡量标准。

第二节　结构变革的方法

诚如上文所言，尽管创业领导者在结构变革方面有绝对权力，但变革不能是随意的，必须有科学的原则和流程。原则和流程可以帮助创业领导者厘清思路、框定范围、分析需求和制定策略，创业领导者应该给予重视。

一、结构变革的基本原则

由于结构变革是"大事"，原则就变得尤为重要。通常，结构变革要遵循三个原则：一是必要性原则。结构变革会对企业产生较大影响，一般情况下不建议、不鼓励实施。当创业领导者经过审慎思考，决意变革时，必须进行认真评估、深思熟虑，明确变革的必要性和时机。简言之，结构变革必须是在急切需要的情况下进行。这里的急切需要包含三个要素：企业发展重大需要、现有结构无法补位、具有可持续性存在价值。企业发展重大需要是指该需要关乎企业的生存和发展，具有战略意义；现有结构无法补位是指只有专门结构才能满足企业需要，无法由已经存在的其他结构代替；具有可持续性存在价值是指结构成立之后，能够在较长的时期内发挥显著作用。只有同时满足这三个要素，创业领导者做出结构变革的决策才是相对理性的。

二是阶段性原则。结构变革必须分阶段进行，这是因为一方面，结构变革不可能一劳永逸。即便是规划中的长期变革，也只能循序渐进，通过短期变革"量"的积累来实现"质"的跃迁。另一方面，只有短期变革取得成功，接下来的变革才有“证据”证明值得进行。

从政府机关辞职的创业者江铜，拥有一家专注于企业培训的公司。他当公务员时积累了一定人脉资源，客户不少。华东区域的营销是他的薄弱环节，虽然合伙人希望他放弃发展该区域，但是他依然排除万难，设立了华东事业部，雇用两位上海本地的销售员负责攻关。然而，其中一名销售员在“连下两城”之后决定辞职，另一名则在拿下了五个订单之后辞职。华东事业部一时找不到合适的人选，且股东反对，只好暂时关闭。江铜对此非常愤懑、困惑。直到一年以后，他才明白原因：长期公务员的经历让他喜欢上了“长远规划”，喜欢“大圆满”、“大工程”。当销售员完成了阶段性的“小目标”之后，他的反应不是给予奖励和激励，而是加紧鞭策，希望他们一鼓作气拿下华东区，完成“大目标”。他确实曾经许诺在完成项目后给予重奖。可是，销售员的“小目标”没有获得肯定，华东事业部因此被“看不起”。他们失去了继续工作的动力，也失去了对“最后得奖”的信心，只好“另谋他就”。

短期变革看不到明显成效，追随者的决心和信心就会动摇，影响企业正常运转。在这个意义上，科特强调：“一个好的短期胜利至少包括以下三个特点：(1)可见性。大家可以亲眼看到这是真实的成果还是夸大的宣传。(2)明确性。这一成果应该无可争议。(3)和变革最终目标密切相关。”①需要指出的是，一般来讲，初创企业规模小，不适合、不建议进行长期变革。

三是系统性原则。结构变革虽然不一定是颠覆式的调整，但很容易“牵一发而动全身”。结构增加，岗位变动，人员该增加还是减少？人员变化，工资应该做何调整？工资变化，会不会不公平？其他部门该不该变化？创业

① ［美］约翰·P. 科特．领导变革．徐中译．北京：机械工业出版社，2016：115.

领导者一定要通盘考虑，系统谋划。

当时李红为了解决门店部与外卖部的争端，成立了订单管理部。新增结构必然需要增加开销，问题是钱从何来？李红不想增加太多成本，于是决定订单管理部的办公地点由门店部解决，负责处理网络订单和电话订单的电脑费用及以后产生的网络费用和电话费用由外卖部解决。门店部和外卖部尽管有怨气，但不得不接受。但让李红感到意外的是，生产部和行政部的主管，自此以后经常向她说起经费不足的问题。原来，他们都担心，因为订单管理部的成立，大家都不得不掏“份子钱”，并且，门店部和外卖部已经掏过了。李红说：“员工们有的时候挺可爱。因为我们是初创期，其实各部门可以自由支配的经费很少，但他们非常在意。订单管理部‘倒闭’了，他们反倒像松了一口气似的。”

结构变革的整体性影响不仅是物质性的，还是精神性的。当对企业中的某个部门进行变革时，其他部门的追随者也在观望、讨论。创业领导者只有系统思考，才能处理得当，一定要避免出现寒蝉效应。

二、结构变革“四部曲”

结构变革有四个核心环节：变革决策、激发变革、变革管理和转向常态。与创业领导力提升的其他部分不同，结构变革的每个环节都有重要意义，绝不能随意删减和跨越。即便是优秀的创业领导者，也要严格执行变革程序。

变革决策包括决意变革和制定变革策略两个方面。无论对于创业领导者还是追随者而言，稳定的结构毫无疑问能带来较大的安全感。利多指出：“包括创业领导者在内，许多人认为变化很可怕。变化容易引发我们对未知的恐惧，因为我们永远无法确切知道关于变化的所有方面。我们当中的许多人非常害怕风险，当有人让我们去改变已经很成功的事物，即那些还没有引起焦虑，甚至可能还在产生红利的事物时，我们对变化的恐惧进一步加深了。”①从这个意义上可以说，变革必然是一件“不得已而为之”的事情。创业领导者之所以决意变革，或者是因为内部管理效果提升的需要，或者是出于业务变化和市场变化的需要，并且这种需要通过一般的适应策略和调整策略已经无法满足。创业领导者一旦决定要实施变革，首要的工作就是向自我和追随者说明变革的重要意义，获得信任与支持。向自我说明，意味着创业领导者要表明自身足够理性，“不仅要管理变革，还必须在自己的生活中适应变革”②；向追随者说明，既是明证自身理性的正确性，又是为变革执行打好基础。

尽管在初创企业中，追随者的意见不能起到决定性作用，但是他们的支持对于变革开展，毋庸置疑，能起到减少阻力、提升水平的效应。创业领导者必须要主导结构变革方案的制定，但可以吸纳追随者的意见。方案中要包括变革方式、持续时间、变革效果评估、人员安排、变革成本等方面的内容。好的方案能带给领导者和追随者信心，并指导变革实践。相反，如果变革方案有问题，就应该重新制定甚至取消变革，切忌盲目求新求变。

但是，决意变革和制定变革方案都还停留在理念阶段，无法决定什么，只有现实的变革实践才会对企业产生实质性的影响。激发变革是结构变革的前置性环节，也是最为困难的环节。之所以难，是因为变革意味着不确定、不稳定、有风险、太折腾。这个时候，创业领导者一方面必须反复向追随者说明变革的紧迫性，使他们意识到走出舒适区的必要性。“明显的危机对于唤起人们的注意力并提高危机意识很有帮助……真正的领导者会创造这些人

---

① ［美］德里克·利多．创业领导力．龚阿玲译．北京：中国人民大学出版社，2017：106.

② ［美］沃伦·本尼斯．成为领导者．徐中，姜文波译．杭州：浙江人民出版社，2016：214.

为的危机，而不是坐等真正危机的到来。”①在初创企业中，创业领导者要拥抱核心团队，争取他们的支持十分重要。有了核心团队的支持，其他方面的阻碍就迎刃而解了。另一方面，创业领导者还必须采取实际行动，立即开始推动变革。创业领导者可以运用手中权力直接调整岗位设置、团队成员、业务方向，甚至取消或者增设部门，从而拉开变革的序幕。很显然，激发变革如果处理不好，很可能会造成团队核心成员流失和客户流失，导致巨大损失。但是，如果创业领导者犹豫不决始终无法迈出第一步，很可能就会造成变革失败，不仅无法产生任何价值，领导者的威信还会受到影响。创业领导者要明白，完美无缺的变革计划是不存在的，所谓“智者千虑，必有一失”。很多问题不变革到那一步，也是看不出来的。激发变革实际上就是“先上车，后买票”，其他问题，留给变革管理慢慢解决。

激发变革后，变革管理的重要性就凸显出来了。如果说前者是点火，后者就是保持火势。火不能太大，太大就会把企业自身烧坏、烧煳，过犹不及；也不能太小，太小不足以发生质变。变革管理的核心是执行变革方案，控制变革过程，保证变革目的。执行变革方案，就是要求创业领导者按照既定的人、财、物调整策略进行，将变革的理念变成变革的实践。控制变革过程，就是要求创业领导者能够把握变革的分寸，防止偏离方向、防止变革意外。保证变革目的，就是要求创业领导者要以达到目标、实现价值作为最终目的，变革过程中的所有努力措施都要指向这一目的。当然，变革方案在执行过程中必须根据实际情况的变化做出调整。

某个亏损业务部门被取消后，其成员调整到其他部门，依照变革方案，需要减薪20%。但是变革过程中发现，该成员适应力强，在新部门表现良好，且企业利润有所增长，足以支付全额工资。那么，为了提高

---

① [美]约翰·P. 科特．领导变革．徐中译．北京：机械工业出版社，2016：42—43.

追随者的工作士气，减薪计划可以不予执行。对于不再能够适应新结构的员工，创业领导者则应该果断予以裁撤。此时，变革管理的任务就是稳定员工情绪，给予人性关怀，如果可能，可以为其推荐其他公司岗位。创业领导者必须明白，变革管理应该是系统、公平、公正的。即便变革过程中，需要在人力方面付出代价，这种代价也要以较为人性的方式进行。

变革应该设定时限，时限一到，变革停止。也就是说，调整、取消或增设结构完毕后，要恢复企业常态，绝不可过度变革。有的创业领导者只知道变革，不知道常态，甚至以变革代替一切，这必然会给企业带来困扰。创业领导者应该意识到，凡事都有两面。结构变革固然是激发企业效能的驱动力，是对现有资源的优化。但变革也会伤害追随者的安全感，干扰企业正常运行秩序。除此之外，无论是制定变革策略、实施变革、控制变革还是恢复常态，每个环节都需要高昂的成本。因此，变革应该是有限度的，不应该成为常态，相反，变革后应该尽快恢复常态。

李顺就是一个热情的变革者。他在云南的一个小县城，成立了一家英语培训机构。他招募了十多位讲师和五位行政管理人员。县城里几乎没有其他培训机构，因此公司生源稳定，收益颇丰。讲师以当地人为主，比较朴实，教学秩序井然。李顺出身在乡镇，父母都是科级干部，但他没能进入公务员系统，颇感遗憾，但是一直很喜欢管理工作。创业之后，他有了下属员工，经常对他们呼来喝去、毫不客气。他的公司最开始的结构设置是：教研部、行政部和招生部，他想将其变革为：初中英语教研部、高中英语教研部和幼儿英语教研部，外加一个办公室。这一变革方案尚未完成，他又觉得应该改成：教学部、研究部、行政部和客服部。反反复复折腾了半年，结构变革了三次，企业效益并没有明显提升，相反，还走了六个人。这是因为，他每次变革机构，都会以“能者居之”的理由，任免部门主管，主管们能接受“任命”，却很难接受“罢免”。于是，主管们纷纷离职。截至采访完成时，李顺的结构变革还在继续，并且似乎看不到终点……

从案例可知，创业领导者李顺就是就是以变革代替常态的人，只懂得开始，不懂得结束。实际上，能够“拨乱反正”，不沉溺于“运动”，是考验创业领导者能力的重要方面。这是因为，结构变革能够带来巨大的权力感，有的创业领导者之所以迷恋“运动”，就是因为喜欢控制、支配，实际上，在变革时，只把权力当作改善企业绩效的工具，不执着，适时退出，并不是一件容易的事情。创业领导者有勇气扑灭变革之火，代表着理性、成熟。

第三节 结构变革的艺术

无论是成熟企业还是初创企业，结构本身都存在不同程度的刚性。变革虽然要求在掌握规律性的基础上，运用科学的方法，但艺术性却同样不可或缺。刚性的结构遇上艺术的变革，既有可能碰撞出火花，高超的变革艺术不仅能带来企业效益的提升，还能帮助创业领导者理顺团队、整顿组织、获得个人威望；也有可能相互克损，失败的变革可能会损伤原先的结构，不仅无法使企业提质增效，还有可能造成组织“元气大伤”，反倒不如不变革。因此，创业领导者必须修炼结构变革的艺术。

一、问题倒逼变革

所谓“问题倒逼变革”，就是指问题的出现，导致变革被迫发生，否则就会对组织造成破坏性伤害。这里的要点是“问题”与“倒逼”，“问题”可以来自内部，也可以是外部；可以是技术问题，也可以是管理问题；可以是“物”的问题，也可以是“人”的问题。但无一例外，都是牵涉全局、有重大影响的

"大问题"。变革必须针对问题，没有问题靶向的变革，是资源浪费无的放矢，会对企业的正常运转造成负面影响。创业领导者要高度重视"问题意识"的培养。"问题意识"要求批判性的眼光、高超的思维、深厚的知识学养和丰富的生活生产经历。有了"问题意识"，才能发现真问题、提出好问题，才能分析问题、解决问题。实践证明，成功的创业领导者，大都具有敏锐的"问题意识"。"倒逼"一方面意味着变革与"问题"的出现密切相关，另一方面则意味着"被迫"，"紧迫"和"不得不"。"被迫"强调变革一般不会主动发生，只有达到客观条件之后才会激发；"紧迫"强调了变革的时机稍瞬即逝，"过"与"不及"都会影响到变革的效果；"不得不"强调变革必须进行，不变革，企业的生存和发展就会受到重大影响。

相比于创业领导力其他方面的艺术，结构变革力最独特的艺术就在于"问题倒逼变革"。战略定位力需要提前谋划、主动作为，既要考虑愿景构筑，又要设置一般战略，更加注重体系性；自我管理力首先要求自律，在此基础上进行理性培养，然后再影响追随者，更加强调主体性。结构变革则不同。通常，结构一旦确立之后，如无需要，不主动变革。这是因为，结构依据需求而设定，需求不发生变化，结构就没有变革的必要，并且，稳定的结构有利于组织平稳运行。但是，一旦出现新问题，现有的结构应对乏力时，就要被迫有的放矢调整结构。当然，这种调整既可能是全局性的，也可能是局部性的，这要看问题的影响程度、深度和广度。结构变革的激烈程度短期内也要强于战略定位和自我管理。

魏征曾就职于某大型软件服务企业，具有丰富的管理经验。他辞职创业，开办了一家 IT 公司，主要业务是承接合作伙伴的软件编写任务，为此雇用了 20 名程序员。然而不久，他就发现合作伙伴的业务需求不太稳定，有时订单量大，所有程序员需要满负荷工作；有时订单少，只需要一半的程序员就足以完成。魏征面临的问题显而易见：既要保证旺季时公司的业务能力，又要保证淡季时程序员也能通过其他工作创造收益，否则，淡季时不得不养许多"闲人"。发现问题、分析问题之后，魏征做出了决策：对20名程序员进行测评，同时参考个人意愿，从中遴选10名组成核心技术团队，遴选5名形象气质佳、综合素质强的程序员组成销售团队，另外5名补充到行政、客户服务等方面的工作团队中去。旺季时，所有成员都参与到技术业务中来，按照技术人员标准发放薪酬。淡季时，成员为各自所在团队服务，根据贡献情况发放薪酬，其中销售岗位有提成。这种结构变革方式，把常设结构与任务型结构统一起来，有明显的指向性，解决了企业业务忙闲不平衡的问题。

拥有敏锐的问题意识，能够拥有根据问题进行结构变革的胆识、魄力、能力和艺术，是每一位创业领导者梦寐以求的状态。创业领导者只有在创业实践中，勤于归纳总结，进行深刻反思，才能深入理解"问题倒逼变革"的本质，把握变革时机和艺术。

二、功能倒逼变革

当然，倒逼结构变革的未必都是具体的"问题"，也可能是"功能"。在组织中，结构与功能始终结合在一起，密不可分。在人文社会科学领域，"结构—功能"分析学派以其解释性强、现实效用突出而具有广泛影响力，其基本的学理支撑就是结构与功能之间的辩证关系。功能是指事物或方法发生的有效作用。结构决定功能，只有组织的内部结构完整、运行逻辑顺畅，才能实现其特定功能。换言之，没有结构，就不可能有功能。然而，功能需要也可以在一定意义上变革结构，促进适应新功能的新结构产生。

在生物学领域，这样的案例比比皆是。远古某一时期，随着地壳变动和天气变化，海平面下降，部分原始海洋生物被暴露在陆地上。要适应陆地生活，就必须具备行走功能和陆上呼吸功能，于是，海洋生物的运动系统、呼吸系统等发生了显著变化，鳍进化成脚、腮进化成肺。

在初创企业中，理顺结构、实现功能具有基础性意义。组织新功能的需要，是结构变革的重大动力。简言之，功能倒逼结构变革。

王伟创立的公司一直致力于销售云南地方土特产品，因为主营业务单一，据此设立了行政、采购和销售三大部门。但是，线下销售受到地域限制，开设分店成本高昂，王伟很快就感觉触到了天花板，生意很难有更大起色。随着电子商务的发展，他意识到，线上销售势在必行。于是，他在淘宝网上开起了网店。然而，现有的三大部门不具备"互联网+销售"的相关功能。线上销售初期，销售部还能用"笨办法"勉强应对，当业务体量增加，尤其是度过了一个难熬的"双11"之后，由于缺乏专业性，王伟和公司陷入了应接不暇的状况之中。"互联网+销售"新功能的需要，逼着王伟实施结构变革。他从三大部门抽调部分人力，同时招聘新员工组建网店部，从线下销售转换为流行的"O2O"。很快，企业的营收数据就变得好看多了。

需要强调的是，一方面，功能倒逼结构，需要经过严格的分析和考察，不是所有的功能变化都需要变革结构。毕竟变革意味着打破稳定性和耗费成本。相反，创业领导者应该尽量在现有结构框架下或是微调结构实现新功能。如果必须实施结构变革，创业领导者要考虑周全，做好旧"功能—结构"框架下资源的安排，比如人员的培训和转岗、仪器设备的淘汰升级等，尽可能少地干扰企业正常秩序。

另一方面，表面上看，多功能意味着多出路，意味着较强的适应性，这可以解释为什么企业发展壮大到一定程度之后就倾向于多元化发展。发展多功能似乎能扩大营收，对"缺钱"且"着急成功"的创业领导者来说相当具有吸引力。然而，初创企业的功能并不是越多越好。这是因为，功能越多，就需要越多的资源来维护和配合，不仅会耗费创业领导者大量的时间和精力去整合资源，还会导致“博而不精”——功能实现能力弱，使得初创企业失去核心竞争力。许多创业领导者，尤其是在校大学生，因为选择“聚合平台”或“多功能”产品项目走向失败，原因大抵在此。

三、“典型”示范

“典型”是指显著成功或失败、逻辑运行清晰、原因可见的模型。只有显著成功或失败，模型才具有较大的参考价值；只有逻辑运行清晰，模型的基本情况和理论才容易被认知；只有原因可见，才能对模型的发展轨迹做出科学评判。结构变革的“典型”示范有两层含义：一是初创企业实施结构变革，可以效仿，也应该效仿“典型”。“学习榜样之所以有效，是因为榜样看得见，学得快。它比理论学习更直观、更形象、更实在。”①“典型”指出了变化与结果之间的可能关系，初创企业可以借鉴其变革模式、吸收其失败和成功的经验。初创企业从无到有，很难从自己的发展历史中找到变革的“依据”和“佐证”。有“典型”，既让自己能够有“依据”和“佐证”，“照猫画虎”，又能够说服徘徊犹豫的追随者。二是当初创企业的结构变革涉及整体时，可以从“局部典型”开始变革，为其他部分的变革做“示范”。这既有利于稳定组织、减少变革阻力，也有利于获得短期成果、促进后续变革。

“典型”示范意味着传承，更意味着创新。创业领导者要先吃透“典型”变革的时间、地点、条件、人员和事件等基本情况，总结其发生发展的环境、规律和领导者行为方式。同时，深入分析初创企业面临的局势，判断其与“典型”在哪些方面相似，哪些方面不同，判断“典型”的基本规律能否适用，如何适用。一般而言，“典型”与初创企业之间不能简单套用，需要经过创新。

---

① 刘峰．新领导观．北京：北京大学出版社，2011：150.

创新主要是两个方面，即内容创新和程序创新。内容创新是指初创企业对来自“典型”的启示，进行实质性批判、增益、调整后运用，重在学习“典型”方法，赋予“内容”新意。程序创新是指初创企业调整“典型启示”的运用时机、区域、步骤后运用，一般不对内容做实质性调整，重在参考内容，赋予“形式”新意。内容创新的要求较高，需要创业领导者有较强的专业能力，风险略大；程序创新简单易行，风险较小。相对应的，以内容创新为主体的结构变革，影响深远，比如把直线式科层结构撤销，以扁平式的职能节点为单位进行重构，或是工作流程再造。以程序创新为主体的结构变革，对企业不构成实质性影响，比如工作流程顺序调整。不过，需要指出的是，以程序创新为主体的结构调整，如果处置不当，依然有可能爆发严重危机，比如造成产品质量下降等，需要引起注意。

运用“典型”示范要防止晕轮效应。晕轮效应是指认知者对特定的人、物、事件的某个特征形成好或坏的印象后，就倾向于根据该印象推论人、物、事件的其他特征。比方说，张三对李四的基本印象是行为干练、气质形象俱佳，从而推论李四应当具有较强领导力、为人谦和、对老人孝顺等特质。对于初创企业而言，运用“典型”时，很容易被光环所吸引，不仅继承创新其“有益”的部分，也不经意间吸收了其“糟粕”的部分。有的初创企业，没有经过细致的分析与批判，仿照阿里巴巴、腾讯、百度、谷歌等知名企业设置结构或进行结构变革，结果反倒丧失了作为小微企业的优势。

四、变革的“缓”与“急”

结构变革应该“缓和”还是“急切”一些？这是许多创业领导者很难把握的尺度。“缓和”一些，追随者有更充分的时间理解变革目的并做好准备，创业领导者可以更加深入布局。但是，“缓和”可能会令某些变革“不了了之”。“急切”一些，长痛不如短痛，暴风骤雨完毕之后，抓紧重建、恢复秩序，变革效果比较明显。然而，“急切”可能会让创业领导者看不清过程、厘不清思路、估不好后果，变革完毕了后悔。其实，关于结构变革，不应该笼统地说应该“缓和”或是“急切”，而要分情况讨论。

越是根本性的变革，越要“缓”。根本性的变革是指触及切身利益和思想意识、关乎大局，容易引起不稳定因素的变革。“切身”就是与自身关系极其密切，包括衣食住行荣辱等。变革如果触碰到追随者的切身利益，比如取消某个部门，操之过急就有可能造成其情绪激变、极端行为，必须“循序渐进”，晓之以理、动之以情。思想意识的改变需要漫长过程，“急”不仅无用，还可能引起抵触。一旦抵触，再想“灌输”就困难了。关乎大局的变革必须深思熟虑，系统谋划，从部分到整体推进，必须“慢慢来”。

越是具体性的变革，越要“急”。具体性的变革是指涉及技术升级和管理细节、关乎局部，不容易引起动荡的变革。创业领导者确定升级技术之后，就应该尽快调整结构，使其得以正常运行。一方面，技术贵在“新”，越新，附加值就越高，就越能尽早带来效益。“慢慢推进”可能带来的结果是，“新技术”由于更新换代、淘汰速度快沦为了“旧技术”。另一方面，新技术需要新的操控者，“慢”会使操控者不着急、不学习、不适应，甚至于有抵触情绪。有的企业技术升级失败，不是因为设备落后，而是在操控者的抵触中，“拖着拖着”就不了了之。管理细节和关乎局部的变革同样要“急”，“急”才能受重视，“不急＋细节＋局部”被忽略的可能性极高。

刘欣创立了一家专门从事维C检测的公司，设有研发、检测、销售和行政四个部门。企业运转半年之后，她觉得研发和检测两个部门职能交叉重叠较多，应该合并，这样既可以减少开支，又可以实现研产对接。因为公司规模不大，人也不多，经过一周时间认真思考和准备，周末，她给两个部门的主管发了邮件说明方案，并强调让他们服从大局。周一，刘欣召开了全体会议，宣布了这一变革决议。没想到会议现场，两个部门的主管就直接让她下不来台，说她根本不懂技术。并威胁，如果合并，两个主管都要辞职。刘欣只好暂时妥协，同意搁置合并。后来，公司引进了一位“海归”负责技术升级改造。这回，刘欣吸取了教训，不再着急，试图慢慢推动技术升级。她决定，先让“海归”进入研发部和检测部轮岗，而后再寻找机会成立战略部。结果，“海归”被迅速“同化”，三个月过去了，技术不仅没有升级改造，反倒“海归”认可了“旧技术”，觉得那样“很方便”。刘欣很烦恼。

事物之间总是会互相转化。具体性的变革“不慌不忙”，累积起来，就会变成根本性的变革；根本性的变革“操之过急”，矛盾激增，就不得不先应付具体性的变革。掌握变革的“缓”与“急”是高明的艺术，创业领导者要多观察、思考、修炼。

结构变革对创业领导者的大局意识、问题意识、机会意识、胆识和魄力都是重大考验。创业领导者要明白，结构变革的目的是为了提升组织新情况、新变化和新功能的适应性。结构变革是系统性工程，因此决不能通过“拍脑袋变革、拍胸脯执行”的方式进行，一定要深思熟虑、反复权衡。结构变革是科学，也是艺术，创业领导者只有深刻反思、积累经验，才能处变不惊。

第五章

制度构建：

创业领导力提升的根本保障

如果说结构是企业的肉身骨架，那么制度就是运行规则。只有运行规则而没有肉身骨架，有机体就无法存在，运行规则也就没有价值；但是，只有肉身骨架而没有运行规则，有机体就无法存活，肉身骨架也就成为了僵死的尸体。初创企业往往非常重视结构而忽略制度，这是因为企业的运营需要结构来维持，日常事务需要行政部门处理，业务技术需要职能部门处理，制度却仿佛不那么紧迫。初创企业崇尚“英雄主义”，具有浓重的人治色彩，并且，人治的“效果”并不差：高效、灵活、简单、富有人情味。相反，制度似乎意味着：拖沓、僵化、复杂、冷冰冰。因此，在很多创业领导者看来，制度构建吃力不讨好，不能马上给企业带来收益，既然人治没有问题，何必费心思去构建制度，大可以用人治代替制度。正是基于这种认识，制度构建力成为了广大创业领导者的软肋。许多初创企业走不远、走不长，就是因为过于依赖“强人”，长效机制没有建立起来。“这种领导的副作用是很大的，风险也是很大的。没有制度的制约，没有群众的制约，英雄人物即使动机高尚、能力高强，也难免会把领导工作引向失败。”①

第一节 制度构建与创业领导力

制度是一个大家耳熟能详却又往往说不清道不明的概念。之所以耳熟能详，是因为大小机关、企事业单位天天都把制度建设挂在嘴边，强调“制度管人”、“向制度要效益”，再大一些，“依法治国”、“依法治企”。之所以说不清楚，是因为制度包含的内容太多、太复杂，分不清楚制度的种类，也不知道该如何构建制度、运用制度。创业领导者更是困惑：在不影响企业运转的情况下，人治更有效还是制度更有效呢？这就涉及对制度的本质和意义的理解。

---

① 刘峰．新领导观．北京：北京大学出版社，2011：131.

一、制度的两维内涵

制度通常可以从两个维度去理解：一是组织成员共同遵守的行为规范。这里的成员既包括追随者，也包括创业领导者。制度绝不是由创业领导者为追随者单独制定的，而是创业领导者与追随者一同制定，一同执行。既约束追随者，又约束领导者。行为规范包括程序规范和内容规范。程序规范就是在企业运营过程中，决策、管理、生产和服务等各个环节要各安其位、按部就班，一道程序都不能少、一道程序都不能乱。内容规范就是每个环节都要做到做足，必须达到质量要求。

在初创企业中，最容易出现的情况是，追随者遵守制度而创业领导者不遵守，久而久之追随者也不遵守；生产和服务不依照程序，随意删减、跳跃或是颠倒；质量的标准是"差不多"，而不是达到标准或优于标准。简言之，或者是没有制度，或者是制度残缺，或者是制度形同虚设，这三种情形统称为制度缺位。制度缺位的结果是，创业领导者和追随者行为"越位"，各种例外事件层出不穷；生产和服务效率低下，产品质量参次不齐导致整体良品率不足；程序不严谨存在问题隐患，"人情"侵蚀企业利益并降低工作效率；追随者情绪问题增加，团队凝聚力下降。总之，企业无法实现"正规化"发展。

二是体系化思考的工具。对于成熟企业而言，体系化是最为重要的工作之一。所谓体系化，包括企业战略定位合理、内部结构清晰、制度规范到位、人员分工明确等方面。体系化不足，有可能会造成职能缺失、逻辑不顺、关系不清等问题。体系化的基本表达和描述方式就是制度化。制度可以作为"标准参照物"，找出现实中的不足。创业领导者在设计、完善制度的过程中，能够窥见"制度缺位"，凡是"制度缺位"的地方，就很有可能是存在问题的地方。比如，创业领导者发现在员工奖励办法中，存在"奖励上限"，那么，设置"上限"是合理的吗？如果是合理的，"上限"应该定在什么位置？如果不合理，当时设置"上限"是出于什么考虑？现在废除是必需的吗？废除之后意味着什么？需要什么应对措施？就是在这种不断地和制度"较劲"的过程中，创业领导者的思维及其企业也越来越体系化。简言之，制度越完善，体系也就越完善。

不过，初创企业有其特殊性：不具备也没有必要具备高度完善的体系。这是因为一方面，在初创企业中，体系内部可以根据业务开展情况进行调整，关键在于“有用”和“高效”。“不完善的体系”使得初创企业能够突出重点，专业化发展，过于强调体系化反倒会束缚手脚。另一方面，由于企业中员工较少、工作相对单一，一个部门可以承担多个部门的工作，即“补位”或“兼理”。行政人员可以既负责办公室日常管理事务，又负责招聘、出纳等专门工作，甚至在有余力的情况下，还可以参加相关业务部门和专业部门的工作。但是，以上这些不能作为初创企业不重视制度的理由：尽管高度体系化的实体不是必需的，体系化的思考却是必需的。只有体系化的思考，创业领导者才能站在全局的高度考虑问题，才能厘清企业运行的逻辑，才能把握规律、发现问题。从这个角度说，制度作为创业领导者体系化思维工具的特别意义就凸显出来了。

共同规范与体系化思维工具构成了制度的内涵。然而，大部分的创业领导者只知前者，不知后者。如果说“人治”能够取代“制度”，仅仅只是在第一个层面，即以“人治—规范”代替“制度—规范”。但是，在体系化思维方面，“人治”的作用极其有限。

二、制度的两种类型

制度可以分为多种类型，比如赏罚制度、一般制度与具体制度、技术性制度与管理性制度等，但这些区分都是以制度某一方面的属性作为标准的，不具有基础性意义。真正从制度的本质出发，制度可以分为两类：约束性制度与促进性制度。

约束性制度是指以强制力为基础，规范组织成员行为的限制性章程。约束性制度有三个显著特征：一是以强制力为基础。约束性制度的制定者必须是“掌权者”和“权力部门”，没有权力，就无法约束，更无法惩戒。二是以是否逾越底线作为行为标准。只要不逾越标准，或是标准中没有规定，“法无明文规定不为罪”，就是符合规范的行为。三是公开的章程。制度必须公开，必须昭告追随者，秘密条款只对知情者有限制意义。触犯了未公开制度的追随者，不被追究责任。大部分的制度都是约束性的，这是制度的最原本意义。约束性制度管住了底线，就能保证组织成员行为的限度，保证组织最低限度的秩序，从而给予了受约束者最大限度的自由。

在初创企业中，约束性制度最大的机会和威胁都来源于创业领导者。创业领导者威信高，手中握有绝对权力。如果他能认识到制度的重要意义并积极主导，任何制度都能够建立起来，包括约束性制度。如果创业领导者为了不构成对自身的限制，在构建制度时利用主导权删除“不利”条款，或者在制度建立起来之后，随意践踏，追随者必然会仿效，制度也就没有存在价值了。因此，创业领导者要明白，制度，尤其是约束性制度是把双刃剑，既对追随者形成约束，也必然对自身形成约束。如果创业领导者自己想要“特殊”和“例外”，还不如不建制度继续“人治”，但是，必须要做好为“制度缺位”后果付出代价的准备。

促进性制度是指通过奖励、推荐操作程序和质量标准等方式，提升组织成员行为水平和效率效益的章程。促进性制度的显著特征是柔隐约束。制度本身不依靠强制力推动，没有硬约束力。对遵守制度者给予奖励，不惩罚未遵守制度者。但是，促进性制度会形成一种软约束力。比如生产小组中的其他成员遵守促进性制度，个别成员如果不遵守制度就会面临群体压力。尤其是以小组为单位进行奖励时，不遵守制度的成员就会被其他成员“强制”遵守制度，形成“绑架”。创业领导者如果能够驾驭运用促进性制度的艺术，有时能取得比约束性制度更好的效果：追随者通常“吃软不吃硬”。

马正拿到了多个护肤品品牌的区域代理权，成立了一个护肤品超市。刚开始，他给员工定下的制度是约束性的：上下班时间、防损规范、库存管理、销售流程等。超市里到处都有摄像头监控，他每天的工作就是盯着电脑，“抓住机会”惩罚员工。在他看来，人都是懒惰、自私的，必须用“重典”。可是，效果并不明显。很快，员工就掌握了老板的“打盹”规律，千方百计地逃脱惩罚。一次偶然的机会，马正去温州出差，到一位同样是在当地开护肤品超市的朋友家做客。他发现，朋友很少盯着员工，但是员工的精神面貌不错。原来，朋友在约束性制度的基础上，还给员工定了促进性制度：把员工分成三个小组，设置业绩标杆：销售额、规范率、投诉率、客户满意度调查等。只要小组完成业绩标杆，就给予小组额外奖励。结果，小组成员之间互相监督、互相帮助，创造的利润比企业支付的奖励高得多。马正这才明白，单纯的约束远远不够，还必须促进。

如果说约束性制度是消极的，那么促进性制度则是积极的。制度构建力体现了创业领导者的规范意识和体系化思考能力，是对其战略定位力、自我管理力和结构变革力的补充。可以说，制度构建力是创业领导力的一个缩略图景，从中能够窥见其他力的影子。随着企业的发展壮大，制度构建力的作用会发挥得越来越明显，因此，创业领导者必须重视制度构建力的提升。

第二节　制度构建的方法

制度构建是创业领导力所有维度中技术性最强、最复杂和最耗费精力的部分：制度构建不仅要考虑构建什么样的制度，还必须考虑如何构建制度；制度内容必须科学、考虑周全，否则执行过程中就会出现各种各样的问题；制度必须依照一定的原则制定，没有原则，制度就不统一，就会“厚此薄彼”；制度构建必须做到程序合法，没有程序，制度就不规范，会“漏洞百出”，权威性就会受到质疑。

一、制度构建的“三个优先”

制度构建的原则有很多，包括明晰性原则、具体性原则、可行性原则等。这些原则都与制度的具体内容相关，在制度构建过程中必须牢记、遵从。就初创企业的制度构建而言，首先需要引起注意的是“三个优先”：

首先是制度意识优先。在正式构建制度之前，创业领导者自己要先形成制度意识，并把这种意识灌输给追随者。意识对实践有重要的指导和推动作用：当制度意识成为初创企业的一部分时，构建制度、执行制度就是水到渠成的事。对于很多创业领导者来说，制度意识入脑入心非常困难。这是因为，诚如上文所言，从经济角度讲，“人治”已经很好了，不需要“制度”。依靠制度管理，会给创业领导者一种“权力剥夺”感，并且，“凡事走程序”，在工作效率方面会有所降低。但创业领导者必须意识到，从长远看，只有制度才能帮助企业走上正轨，制度意识的培养必须要趁早进行。如果创业领导者没有制度意识，追随者就更不会有，制度构建就没有了前提。创业领导者获得制度意识的最好办法就是分析企业案例：没有任何一个成功企业是在“制度缺位”的情形下造就的。哪怕是暂时性“制度缺位”的“强人”企业，若要长期、可持续发展，都必须制度化。

其次是约束性制度优先。制度虽然可以区分为约束性制度和促进性制度，但这并不意味着两种制度的地位是平等的。通常情况下，约束性制度具有优先地位：必须保证组织最低限度的正常运转。有“底线”，企业能生存，才能追求“极限”发展。促进性制度构建必须在约束性制度基本成形之后才能构建，且不能与约束性制度相抵牾。否则，促进性制度可能会起到反作用，不仅让企业离创业领导者的“初心”越来越远，“最低限度的正常运转”也会受到威胁。初创企业缺乏制度基础，员工通常没有制度意识，也没有严格按制度办事的习惯，行为方式上较为自由、随意、个性化。此时，约束性制度就变得尤为重要，它能够使员工看起来像员工，企业看起来像企业，有规矩、有规范。这就为初创企业的下一步发展打下了基础。

再次是程序优先。无论是构建制度还是运用制度，程序都至关重要。没有具体的制度内容，程序就是空洞的形式；没有程序，具体的制度内容不仅杂乱无章，连合法性都很难保证。程序优先，意味着程序首先要合法。程序合法包括制度构建的主体合法、过程合法、修订合法和执行合法等。从制度构建的实践中可以清楚看到，当反对者质疑某项秩序的合法性时，一方面是对制度的具体条文进行攻击，另一方面就是寻找制度构建、确认过程中的失范行为。对于前者，制度维护者可以通过做出解释、修改、调整应对；对于后者，如果反对者有确凿证据，常常就会把整个制度否定，连修改、调整的余地都没有。程序其次要合理。程序合理包括环节完整、清晰、顺序得当、成本低廉等，合理的程序能够大大提升制度构建工作的效率和效果。

创业领导者张迷是一名技术控，他开设了一家专注于校园共享设备制造的公司。他通过对传统复印机、充电器等的改造，为在校大学生提供便捷的自助服务。以前，员工们遇上问题都直接向他请示，因为业务量少，他也没有在意，甚至还因此获得充实感。时间一长，业务量激增，他已经完全没有时间搞技术了。为了把自己解放出来，他拉学弟入股当副总，专门协助他处理日常事务。但是，所有员工依旧在“骚扰”他，没有人找副总。他意识到，是时候构建完善的制度了。他和几位管理者一道，出台了若干管理制度，其中一条就是“请示汇报”的程序：授予部门负责人一定权限，普通员工的问题必须先汇报给部门负责人；部门负责人无法解决，再向副总汇报；副总认为必要时，可以向总经理张迷汇报。制度出台后，几个老员工不以为然，依然直接找张迷。张迷每次都拿制度说事，他希望老员工能带头遵守。老员工指出有的程序不合理，张迷肯定了他们的说法，但也强调了制度修改的程序，承诺尽快召开会议研究。当老员工们走出办公室，他们知道张迷变了，企业也变了，看来需要重新适应。

创业领导者擅长使用程序，能在一定意义上减少制度构建、修订、执行过程中的矛盾。有程序，就按照程序执行，创业领导者可以腾出精力做更重要的事情；程序既然明确规定了技术和管理的先后步骤，那就不得越级、删减、合并，创业领导者应该带头执行。程序规范带来的福利还不止于此，创业领导者可以慢慢体会。

二、制度构建的两套程序

制度构建的难点在于：一是构建什么样的制度才能对初创企业的发展和正规化起到促进作用，二是通过什么样的方式构建制度。两个方面同等重要，不可偏废。创业领导者要更加关注第一个方面，这是因为初创企业的制度相对比较单一，内容较少，但需要较强的“效用”。至于第二个方面，创业领导者可以在制度构建获得初步成效之后，再花力气完善。

一般而言，构建什么样的制度，是由初创企业本身的情况决定的。粗略地说，企业制度可以分为企业章程、管理制度和技术制度三大类。企业章程是企业的根本大法，规定企业的名称、住所、经营范围、注册资本、股东的姓名或者名称、股东的出资方式、出资额和出资时间等基本性、根本性问题。任何管理制度和技术规范不能与企业章程相抵牾。企业章程看似“最无用”，其实“最有用”。“最无用”是因为企业章程中，有的规定较为笼统和抽象。如果没有具体制度的规定性，单从章程上看，能承载的信息很有限。章程也不能直接用于具体管理和赏罚。“最有用”是因为企业章程规定了企业的生存、发展方式，明确了方向，具体制度必须继承章程的“精、气、神”，不能突破章程规定的“底线”：比如议事规则、权利义务分配等。有经验的创业领导者，从企业章程及其修改上，就能基本了解一个公司的治理结构、发展基础，甚至能预言其发展方向、战略领域。

管理制度可以进一步分为人力资源、行政管理和市场营销等具体制度。管理制度的核心有三个：设置“底线”、明确奖惩、具体有效。管理，首先是“管”，管人、管物、管事。有“底线”，才能决定“管什么”、“该不该管”、

“怎么管”。“底线”是最低限度的、标准的参照物。突破了“底线”，必须要“惩”，不“惩”就没法“管”，也“管”不住。但“惩”绝不是目的，守住底线是基础，光守住底线无法带来效益。只有追求企业发展的“极限”，效益才会源源不断，因此必须“奖”，不“奖”就没有动力。管理最注重具体有效，不具体，没法执行；没有效果，管理没有价值。管理制度无论细分到什么领域，无论关涉的对象是人、物还是事，都必须以“三个核心”为皈依。初创企业不用急切地制定体系化的管理制度，择其要优先构建即可。

技术制度可以进一步分为操作流程、质量标准和和工作方法等。技术规范的核心同样有三个：所见即所得、依据科学、明确衡量标准。技术规范容不得半点抽象，必须能“见”到、“得”到，必须细致、准确、具体。技术规范不能靠设想、臆想，不是简单的合不合理的问题，而是必须有非常严格的科学依据，经得住检测。技术是否规范，需要明确的衡量标准。衡量标准是定量化、数字化的，没有讨价还价的余地。质量是企业的生命，技术则是质量的生命。创业领导者有技术，最容易出现的就是规范性问题。问题的产生可能源于创业领导者的不严谨，也可能源于追随者的不细致。

初创企业必须有章程，这既是法律的要求，也是企业自身发展的要求。管理制度和技术规范可以有所侧重：对于科技型类初创企业而言，技术是企业的核心竞争力，必须尽早出台技术规范，保证产品质量，管理制度尽可能配合技术制度。对于服务类初创企业而言，除了技术规范外，还要在员工管理方面下更大功夫，管理制度要摆在首位。无论是管理制度还是技术制度，初创企业都要优先考虑约束性制度。

制度是对具体领域的规范，制度本身也同样需要规范。通过什么样的方式构建制度，在一定程度上决定了制度的科学性。完整的制度构建包括立项、建立、审查、颁布、实施、修订和废止等环节。每一个环节的设计都有意义，都是为了提升制度的科学性、有效性和周全性服务的。缺乏制度构建经验的创业领导者，尤其要“循规蹈矩”。

创业领导者王凯意识到了制度的重要性。他决定在公司里立几项制度，涉及办公室日常管理、仓库、销售等方面。但技术男出身的他一直最烦文字，也没想着要建立多么复杂、正规的制度。所以，他召集了副总和办公室主任来构建制度。三个人在一块琢磨了大半天，一个字都没动。要考虑的东西太多，无从写起，比如销售；有些东西明摆着的，何必写成制度，比如要爱惜财物。最后决定，先把考勤制度弄出来，这个相对容易。又费了半天功夫字斟句酌，才发现考勤制度对于销售人员根本不适用，想单独把这部分人拿出来写，又不知道该写点什么。王凯只好决定暂时搁置，先仔细想想再说。一个月之后，他拿到了另一家公司的相关制度，打算照着弄，却发现：尽管自己没有明确想法，但这家公司的制度肯定不是自己想要的。

“立项”要求创业领导者要对制度标的事项有明确把握，即要对谁、对何物、对什么事立制度，立什么样的制度，希望起到什么样的效果，做到心中有数。如果创业领导者“心中无数”，立出来的制度不仅无助于解决问题，反倒还有可能成为行动的障碍，比如创业领导者应该具有的灵活性被制度束缚了。

“建立”要求在创业领导者主导下，由追随者、专家和其他利益涉及者一道草拟制度条文。这其中，创业领导者是关键，不可取代。创业领导者一定要充分表明自己的看法、态度和意图。追随者可以发表利益诉求，可以发表对制度的看法，创业领导者尽量采纳，体现出制定过程的民主性。专家能够有效地将创业领导者的意图转换为制度条文，并保证具体制度与现行法律、企业章程之间的一致性。其他利益涉及者可以是家属、客户、供货商等，一般不做重点关注。

“审查”要求创业领导者确认制度的有效性，包括是否违反法律、道德和企业章程，是否存在条文含糊不清、语句不通顺等情况。尽管在制定过程中，专家已经已经进行了初步确认，但依旧离不开更高层级的、系统性正式“审查”。毕竟，创业领导者才是制度构建的最终负责人。

“颁布”意味着“广而告之”，即正式向企业内外发布制度，这是制度生效的基本条件。如果追随者不知晓、不理解制度条款，制度就会面临失效的危险。颁布时必须声明制度的生效时间。制度一旦开始“实施”，就必须得到最高的尊重和严格的执行。制度执行一段时间以后，可能面临两种结果：一是随着情况的变化，现有制度的部分条款不再适用，这时就需要启动制度“修订”程序；二是新的制度出台，其内容包括或者更新了旧制度，又或是制度标的事项已经消灭，此时制度就应该“废止”。

第三节　制度构建的艺术

制度构建的科学性较强，程序相对固定。创业领导者如果能够把握制度构建、运用的艺术，就能够以制度的名义完成相当多的工作，并取得意想不到的效果。正基于此，有学者认为，制度领导应该属于隐性领导。“领导者通过法律和制度来制约、规范被领导者的行为，这是一种常见的隐性领导的形式。被领导者自觉地遵守规章制度，自觉地在法律许可的规范内活动，他们没有感觉到领导者的约束和干预，但实际上他们的行为却符合了领导者的意志。”①制度构建艺术常体现在细微之处，需要深入发掘。

一、构建主体的“放”与“收”

谁来构建制度？谁有资格参与？这是摆在创业领导者面前的首要问题。如果说创业领导者“独裁”，把构建制度的工作一手包揽，那么制度就可以充分体现创业领导者的意志。然而，要使制度获得追随者的认同就需要颇费一番功夫。如果说创业领导者“民主”，与追随者一起构建制度，那么就能充分

---

① 刘峰．新领导观．北京：北京大学出版社，2011：119.

考虑各方面的利益，制度就很容易赢得追随者的认同。然而，如果创业领导者的意志未必能得到充分体现，初创企业有可能就会在发展方向上背离初心。如何解决这个两难问题？这就需要创业领导者把握制度构建主体“放”与“收”的艺术。

所谓构建主体的“放”，就是制度构建的参与人既要包括创业领导者，也要包括追随者。如果情况允许，甚至还可以包括消费者和客户等。一般来讲，不涉及公司整体发展方向和核心管理模式，但是涉及追随者切身利益、有利于促进客户关系和消费者认可的制度，都应该“放”。比如，追随者的休假、奖励，新老顾客的优惠，新老客户伙伴关系维护等方面的制度和规范。既然决定“放”，那就要尽量放开，让追随者、客户和消费者等群体拥有获得感和参与感，不能“犹抱琵琶半遮面”。“放不开”不如不“放”。不过，“放”，只不是过给出相对宽容的自由度，绝不意味着创业领导者“放任不管”，当发现“放”过度时，创业领导者要及时果断地“收”。

所谓构建主体的“收”，就是制度构建由创业领导者为核心主导，可以包括企业的高层领导，一般不包括追随者。涉及企业战略定位和核心管理模式的制度，均属于此类。比如，公司章程、生产操作规范、质量监督条例、管理流程等。为了提高制度构建质量，创业领导者可以邀请“外脑”，即第三方专家，参与起草，提出指导意见。但是最终决策必须由“内脑”，即创业领导者自己完成。同样的，虽然是“收”，但并不是要求创业领导者“事无巨细”，任何环节都亲力亲为；也不是要求创业领导者“单打独斗”，绝对不能与他人合作，相反，创业领导者可以将前期的调研、起草等工作交给其他人来做。“收”仅仅只是意味着要体现创业领导者的意志和价值，绝不是一人包揽。

创业领导者花荣近期很烦恼。因为构建制度，她与合伙人、追随者搞得很不愉快。为了简化工作，她本来打算自己起草管理制度，然后颁布执行。结果合伙人和追随者意见很大，说她刚愎自用，听不得他人意见。为了团结，她也没在乎自己的创业领导者身份，索性就召集开会，一起构建制度。开会的时候大家吵得不可开交。销售部指责行政部坐在办公室里看报纸喝茶，却还要分提成；行政部回击销售部，说他们无组织无纪律，以见客户为借口，十天半个月都不上班；采购部抱怨交通费太少，每次见供应商都得坐公交车，搞得对方以为公司经营窘迫……会议从下午一点持续到晚上十一点，基本上没有进展。花荣大多数时间就是坐在那里，听员工们高谈阔论。第二天，花荣让合伙人再次召集大家开会，并且要求务必拿出方案来。结果，递交上来的制度条文不正式、没内容、逻辑混乱、核心要点都没设计，根本无法执行。

创业领导者要拿捏“放”与“收”的分寸，“收放自如”，既不能“放”得过开，也不能“收”得过紧。无论是“放”还是“收”，创业领导者的意志都具有优先地位，即凡是与创业领导者的主要意图与价值观相悖的制度，都不能列为正式的制度条文。

二、制度条文的“粗”与“细”

制度条文应该如何写？对于创业领导者而言，这同样是个左右为难的事情。“粗”的制度条文具有灵活性和适应性，但不好执行。“细”的制度条文清晰明了，便于执行，但是过于死板，缺乏适应性。“粗”“细”不当，创业领导者就如同被绑住手脚，怎么动都不舒服。那么，究竟应该如何掌握粗细程度呢？

一般来讲，涉及企业战略定位、基本架构、价值规范等方面的全局性、根本性制度，宜采用“粗”的方式。这是因为，“粗”意味着内涵小，外延大。一方面，这些“粗”的根本性制度给“细”的衍生制度留下了相当大的空间。衍生制度的主要功能就是将这些根本性制度具体化，使其在执行层面发生现实作用。另一方面，某些根本性制度是一种原则性、总体性要求，可能涉及企业的使命、价值等方面，无法细致描述，只能通过“粗”的方式呈现。需要指出的是，“粗”只是制度条文的一种形式，不是“空洞”，不是“言之无物”。“粗”有明显的针对性，只是将具体化的工作留给衍生制度去完成。

同理，涉及企业专业领域、运行规则、操作规范等方面的局部性、具体性制度，宜采用“细”的方式。这是因为，“细”意味着内涵大，外延小。具体性制度的首要特征就是实操性。实操性要求精细化、确定性和程序化。精细化是指制度条文必须面面俱到，尽量考虑周全、照顾细节；确定性是指制度条文必须清晰、准确、稳定，不能模棱两可、朝令夕改；程序化是指制度条文必须明确操作步骤和先后顺序。如果该“细”的制度不够“细”，一来会使追随者无所适从，尤其是在员工或制度“新旧交替”之时；二来弹性空间大，会出现操作不规范，导致既定目标无法实现。

创业领导者如果能妥善处理“粗”制度与“细”制度的关系，就相当于免费雇用了许多解释员、监督员和辅导员。“粗”制度解释了创业领导者的意图、企业的价值；“细”制度监督员工行为，并辅导操作。通过制度领导，创业领导者少了些情绪化、主观化，更容易赢得追随者的认同，从而促进二者之间的关系和谐。

三、监督执行的“松”与“紧”

制度构建完成之后，最要紧的事情便是监督执行。需要指出的是，在制度构建的过程中，必须把监督执行纳入到制度本身，即制度要对自己的监督执行负一定责任。创业领导者制定了不便于监督、不能够执行的制度，意味着制度条文本身及其构建过程出现了问题。制度一旦进入执行阶段，创业领导者就必须负起监督者的主要责任。有的创业领导者认为，初创企业较为灵活，对制度不用太较真，形式上过得去即可；有的创业领导者则持相反观点，既然有了制度，那就必须严格执行，否则，拿制度干什么呢？何必花费成本构建制度呢？这里的问题显然在于：监督执行到底是松一点好还是紧一点好呢？

一般来说，制度的监督执行当然是要从“紧”。制度的最大特征是刚性，刚性意味着缺乏弹性，意味着不能突破界限，要按照规定办事。制度不“紧”，规矩不立。制度构建解决了初创企业“没规矩”的问题，但是，有规矩执行不了，使得规矩形同虚设，同样是“没规矩”。一般来讲，无论在任何组织中，上行下效是基本规律，只有领导者率先垂范，规矩才立得住。因此创业领导者要以身作则，严格执行制度，接受追随者监督，这是“紧”的第一要义。在初创企业中，领导者的权威不容忽视。创业领导者不能怕得罪人，必须亲临现场、亲自督办、加强考核，及时指出追随者破坏制度的行为并做出惩戒。除此之外，创业领导者还应培养组织自治，即在制度上悉心设计，形成追随者之间互相提醒、互相监督的良好局面。不过，创业领导者要把握分寸，不能把互相监督异化成“告密文化”和“钩心斗角”，否则会增加内耗，甚至瓦解组织。

诚如上文多次指出的那样，创业初期，企业面临的形势不明朗，抵御风险的能力较弱。初创企业的特殊之处或言最大优势在于，以自身的灵活性应对外界的不确定性。如果在制度的监督执行方面盲目从“紧”，有可能会打击追随者的积极性。此时，就需要创业领导者运用权变艺术，采取“松”的策略。

刘田的公司规定，员工的主要任务是销售本部门的创业培训类课程，当课程销售额达到10万元时，可以给予其超出部分10%的提成。但是有一次，某位员工创业培训类课程的销售额仅达到了6万元，但是顺便将其他部门的生涯教育类课程的销售额做了7万元。如果严格按照制度，尽管销售总额已经达到了13万元，该员工仍无法获得提成。刘田了解到情况之后，生怕员工积极性受打击，但又觉得公然违反制度不好，左右为难。分管销售部门的合伙人没有征求刘田的意见，便给予了这位员工奖励，但要求他“下不为例”。刘田虽然有些不高兴，但最终还是默认了，似乎也没有别的更好办法。

在某些特殊情况下，创业领导者需要对制度的解释、执行监督得“松”一些，至于为什么“松”，创业领导者要心中有数，必要时还必须对相关追随者予以说明。还有一些其他情况，制度监督执行相对比较困难，如销售人员的差旅、行为规范等，只要不影响大局和可持续发展、不助长不正之风，创业领导者不妨“松”一些。

制度执行“松”与“紧”的基础是灵活性与原则性相统一，要具体问题具体分析。创业领导者不能简单套用成熟企业的制度系统和监督执行系统。对于创业领导者而言，追随者既是员工，又是家人。当他是“员工”时，可以“紧”一些，但是员工也有人情；当他是“家人”时，不妨“松”一些，但是家人有时也得约束。这其中的奥妙，创业领导者需要仔细体味。

四、领导意图的“隐”与“显”

制度构建不是绝对“中性”和“客观”的，这是因为制度必然要体现领导意图，否则领导就没有构建制度的动力。这里的领导意图，包括领导层的意图和创业领导者的个人意图，后者更为重要。那么，领导意图如何呈现？这些意图应该“隐”还是“显”？如果是“隐”，哪些意图该“隐”，如何“隐”？如果是“显”，哪些意图该“显”，如何“显”？尤其是中国人，既讲究“开诚布公”，又讲究“言外之意”，制度的“隐”与“显”的艺术就显得更加有意义。

领导意图的“隐”，就是指在制度构建中，创业领导者把不便于直接表达的意图通过条文内容、章节安排等方式呈现。这样既避免揭示领导者的“难言之隐”，又避免捅破领导者与追随者之间的窗户纸。有哪些意图是不便于直接表达的呢？比如业务方向的引导。按照波士顿矩阵，企业的业务大致可以分成四大类，第一类是明星业务，市场需求量大，带来的收益高，企业目前还可以进一步扩大生产力，争夺更多利益。第二类是金牛业务，企业在该领域有足够优势，能够稳定保证现金流，但是外在需求已经基本饱和，再扩大生产没有多大意义。第三类是瘦狗业务，市场需求与企业能力都不占优势。第四类是问题业务，市场需求量大，但是企业能力不足，且短时间内能力很难获得提升。企业的一般策略是，放弃瘦狗业务，保持金牛业务，发展明星业务，减少问题业务。创业领导者如果直接将企业中的各项业务归到这四类之中，很容易出现不稳定局面：明星业务部门欢呼雀跃，金牛业务和问题业务部门忧心忡忡，瘦狗业务部门消极怠工。此时，创业领导者可以在制度中将明星业务部门的人员编制数调高、加大投资预算；减少瘦狗业务部门的人员编制数，减少投资预算，帮助他们寻找新的业务出路；给予金牛业务部门更多自主权，鼓励其拓宽发展渠道；为问题业务部门制定指导性规范等方式，引导业务方向调整，循序渐进地实施组织结构变革。

再如组织结构的重要性次序。企业内有若干部门，包括行政、销售、市场、人力和财务等，尽管都属于组织的有机构成，但是在创业领导者眼中的分量并不完全一样。领导者如果直接在公开场合给各个部门的重要性排序，追随者的士气必然受到打击。这个时候，领导者就可以在构建制度时予以“隐”说明：在制度条文中，阐述组织结构时，按照优先次序进行排列。尽管条文中不会去说明排在前面的组织机构更为重要，但是追随者依然能够清楚地认识到各部门在组织机构中的位置：财务部永远不可能排在组织机构的最末端，客服部也永远不可能排在组织机构的最顶端。

至于领导意图的“显”，相对容易理解，就是指在制度构建中，创业领导者直接将意图写入制度条文中，要求全体组织成员遵照执行。相对于“隐”意图，“显”意图最大的好处是，追随者可以直接领会，而不会在“揣摩”过程中出现误判。比如使命愿景、组织结构、工作时间、请假制度、基本福利制度等，必须在制度条文中清楚写明。

制度构建力不仅仅是传统理解的编制制度条文，还包括创业领导者构建制度、执行制度的能力与艺术；不仅仅是创业领导者用于领导、管理追随者的工具，还是创业领导者与追随者相互适应的平台和“博弈”的结果，绝不能忽略追随者的作用。制度构建力是创业领导力提升的根本保障，当创业领导者对各种事物应接不暇导致“缺位”时，制度能够“补位”；当创业领导者能够自由施展才华、运用领导力时，制度能够规范和监督。

第六章

人力开发：

创业领导力提升的核心环节

人才是组织中最为关键、最为可贵、最为能动的要素。当今时代，国家之间、企业之间的竞争，归根结底都是人才的竞争。对于初创企业而言，人才还具有特殊意义：一方面是因为初创企业规模小，发展前景不明朗，在人才市场谈判条件较弱，人才难得，必须倍加珍惜。另一方面是创业领导力的发挥，必须要与作为追随者的人才统一起来。否则，仅仅依靠创业领导者个人的力量，企业不可能发展壮大。有了人才，当务之急就是人力开发，人力开发是创业领导力提升的核心环节。如何对有限的人力进行开发？如何发挥人才最大的效用？这是初创企业生存、发展的重大问题。创业领导者必须高度重视，认真研究。

第一节 人力开发与创业领导力

人力开发是创业领导力修炼的最直接目的之一。“人”、“力”、“人力”是三个密切相关、但又截然不同的概念。不理解三者之间的辩证关系，就无法理解人力开发力的本质，也就无法把握人力开发的目标、原则、方法和艺术。

一、“人”与“力”的复杂关联

人力，顾名思义，包括人本身及其技能。通常认为，技能来源于人，由人使用，即技能是人的一个部分。实际上，人本身与技能虽然存在密不可分的联系，但是在本质、测量和开发策略等方面都有较大差别。

马晓芳一直有个观念，公司发展的关键在于人才，人才的关键在于技能。所以公司成立之后，她就不遗余力的引进人才。因为自己是化学工程博士，又毕业于某985大学，所以对学历有些情怀。有一次，她从母校引进了一位管理学博士，希望能在提升公司的工作效率方面有所作为。管理学博士确实有很强的理论功底，会议发言一套一套的，马晓芳很满意。可是，没过多久，马晓芳就发现，管理学博士在与同事相处的过程中摩擦特别多。从几次给他布置任务的完成情况看，虽然汇报时精彩纷呈，但现实中有些“眼高手低”：管理学博士引进了名企的管理模式，档次很高，却不知道根据公司情况进行调整。同事与他进行讨论，他经常拿大帽子压人，要求别人先看看谁谁谁的书再与他说话。有几次，他还当着马晓芳的面，冲着其他员工嚷嚷，不时口吐脏字。马晓芳感到，眼前的这位博士，只有理论技能，没有实践技能，但是技能可以慢慢培养。然而他这个人太不成熟，情商是问题……恐怕很难提高了。她决定，趁试用期还没过，就解雇管理学博士。马晓芳犯难的是，怎么和他谈呢?

从本质上看，技能不是人与生俱来的，是人后天习得的产物，既可以用于生产自身的生活必需品，又可以出卖给他人获得收入，即被雇佣。人本身则是由身体、精神、道德等组成的综合体，一般情况下，不能作为买卖的对象。但是，人在出卖技能时，必须以人作为技能的载体，尽管人本身并未被出卖，却与出卖有关。这就决定了人本身与技能之间复杂的关联：企业不仅要关心技能水平，还必须关注拥有技能的人。

从测量上看，技能的发展一般需要经过习得、出卖、运用和升级四个阶段，技能水平可以通过产品和服务的质量进行衡量，企业根据衡量的结果付费。人本身的发展一般是随着时间的变化而变化。著名的心理分析学者埃里克·埃里克森(Eric Erikson)把人生分成了八个阶段，在每一阶段，由于人的经历不同，思想和思维方式也各不相同。“1. 幼儿期(infancy)：基本信任对基本怀疑。2. 儿童期初期(early childhood)：自主对害羞、怀疑。3. 玩耍期(play age)：主动对内疚。4. 学龄期(school age)：勤勉对自卑。5. 青春期(adolescence)：自我认同对自我混乱。6. 青年期(young adulthood)：亲密对孤独。7. 成年期(adulthood)：生育繁衍对停滞萧条。8. 老年期(old age)：完美无憾对悲观绝望。”①由此可见，如果不考虑技能，人本身的水平除了关于健康的生化标准可以进行准确衡量之外，其他方面只能模糊地使用“信任”、“怀疑”、“自卑”、“悲观”等方式进行标志。技能水平可能会成为评价人本身的重要标准，同样的，衡量人本身的这些模糊标志也会成为评测技能水平的参考。

从开发上看，技能可以由培训获得和升级，目的和意义都较为明确。而人本身的开发则极其复杂：为什么开发，开发什么，如何开发，由谁开发，开发后果会怎样……技能的开发与人本身的开发无法彻底分离，在对技能进行培训时，必须要考虑人本身的因素。在企业培训中表现优异的人，在考试时却不尽如人意：不是技能开发水平不足，可能是心理素质不过关。甚至有的员工故意造成考试通不过的假象，不愿意调换岗位。技术开发达到一定程度之后，人本身的开发就会成为核心因素，甚至具有决定性意义。

由此可见，“人”与“力”既要分开看，研究其各自规律；又要合起来看，研究其整体规律。创业领导者对“人”与“力”关系的理解必须深刻到位，这是因为，在初创企业中，二者最容易出现矛盾，也最容易相互混淆。

二、“人”与“力”的矛盾

人力是“人”与“力”的矛盾统一体。这种矛盾主要表现在两个方面：一是只重视“人”或者只重视“力”。有的创业领导者经常会出现“讲苦劳而不讲功劳”，“讲人情而不讲贡献”，对团队成员的不合理要求“磨不开面儿”，对其错误则“不好意思批评”等问题。他们过于追求“一团和气”，不忍心“伤害元老”，希望获得所有追随者的“欢心”，结果导致企业业绩不佳、裹足不前。有的创业领导者则恰恰相反。他们要求必须“用业绩说话”，“能干就干，不能干就走”，“付钱干活”，“亲兄弟明算账”，对团队成员只要求其付出而不

① ［美］沃伦·本尼斯．成为领导者．徐中，姜文波译．杭州：浙江人民出版社，2016：94—95.

予人性关怀。创业领导者把企业利益和自己的个人利益摆在首位，把追随者定义为“被雇佣者”，结果导致企业人才流失、流动严重，虽然短期业绩不错，但发展后劲不足。

二是以“人”代“力”或是以“力”代“人”。有的创业领导者，缺乏“选人用人”经验，不懂得人力资源开发技术，经常会因为某一个团队成员的忠诚、性格、人品、讨喜程度等而委以重任，不去考察他的技能水平是否胜任，或者是否有其他更适合的人，导致用人不当。同样的，有的创业领导者则唯“力”是图，只以追随者的技能水平作为评判标准，而不去考察其道德、修养等因素。结果，追随者偷奸耍滑磨洋工，甚至偷走技术和客户资料另立门户，创业领导者后悔莫及。

刘亮在为企业选人用人时就遇上了“人”与“力”的矛盾。他本身为人谦和，与人为善。他组建的创业团队中，有两个是大学同学，一个是老乡，还有一个是招聘来的大学生。老乡与刘亮是发小，关系一直非常好。刘亮让老乡负责公司的销售部门，对于这个决定，两位大学同学是极力反对的。理由是老乡受过的教育不够，能力水平有限。刘亮认为这是对老乡的偏见，甚至还觉得同学的意见不是针对老乡，是针对自己。老乡走马上任不到两个月，销售部鸡飞狗跳，业绩下滑，多名销售人员离职，刘亮才意识到是自己用人出了问题。不过，老乡家里和自己家里非常熟识，不能撕破脸，他虽然让老乡改任行政部门负责人，但是也没有多说什么。结果，老乡对外联络时又得罪了两个大客户。这下，刘亮急了，初创企业哪经得起这样的折腾。他只好委婉地劝走了老乡，自己吞下苦果。后来，他转变了策略，变得“六亲不认”，只要技能水平高，能带来收益，别的都不管。他开始重用招聘来的大学生。大学生一开始特别努力，每天都主动加班。但是没多久，大学生就开始请假，有的时候一请一个星期。刘亮非常纳闷。直到大学生来办辞职手续，他才知道，原先与自己关系良好的十多个客户，已经被大学生伺候得服服帖帖，成为了另一家公司的客户了。

人力开发既要考虑“人”，又要考虑“力”，还要考虑“人”与“力”的统一。所谓“开发”，要“尽人”，也要“尽力”。“尽”意味着深入挖掘、调动、运用人的潜力。“尽人”就是要充分发挥人的主观能动性、调动积极情绪，“尽力”就是要创造条件使人的技能得以充分发挥。对于创业领导者而言，无论是“尽人”还是“尽力”，前提都是“尽己”，人力开发力必须与自我管理力统一起来。“我国先哲，认为人生的整体，可从两方面看：从本己方面，固当‘尽己’；从对人方面，则当‘合群’。因为‘尽己’须在人群之中，也须取得旁人的协作。”①

第二节 人力开发的方法

人力开发要慎之又慎：开发的深度不足，人的潜力就无法被激发出来；开发的方向不对，人的劲儿就会使错方向；开发的广度不够，人就不能全面发展。初创企业要求每一位员工都尽心尽力，创业领导者如果对人力开发不“慎”，不仅可能会造成人才浪费，还有可能出现内部矛盾。

一、人力开发的要诀

人力开发需要坚持和把握的原则很多，最重要的有三个方面：一是德才兼备、以德为先，但“德”不能取代“才”。对于大型企业来讲，制度完善、人员充盈，有良好的系统运行规则，某个团队成员的道德素质低下可能不至于影响大局。但是对于初创企业而言，人才失德却往往是致命的。比如，初创企业抵御风险的能力较弱，如果团队成员中饱私囊，出卖商业秘密，企业的

① 曾仕强．中国管理哲学．北京：商务印书馆国际有限公司，2015：119.

前途就有可能被葬送。因此，创业领导者选人用人时，要首先充分考虑其“德”的方面，之后才是技能。不过，“以德为先”绝不是说技能不重要。初创企业的生存和发展必须依靠技能，“德”无法取代“才”：只有“才”，没有“德”，是“危险品”，创业领导者应该离“危险品”越远越好；只有“德”，没有“才”，是废品，创业领导者收了“废品”，不仅用不了，还必须得“支付租金”找地方“存起来”。

二是“因岗设人”与“因人设岗”相结合。初创企业必须把“因岗设人”作为人力开发的基本前提。“岗”缘于企业自身发展的现实需要。“因岗设人”既满足了这种需要，又有效控制了用人成本。相反，“因人设岗”是拖垮初创企业的最重要原因之一，这是因为，一方面，无“岗”意味着企业不需要，增“人”意味着必须增加不需要的“岗”，用人成本自然攀升，对企业而言不经济；另一方面，“因人设岗”的“人”，大都来自创业领导者和主要团队成员的亲属和朋友。企业里没有“岗”，亲朋好友自然无事可做。“人”一旦闲下来就会生事，最后还得创业领导者花费精力协调。再者，既然是亲朋好友，那就都是“关系户”。众所周知，“关系户”最不好管理，真可谓“近之则不逊，远之则怨”。

万金是一家科技公司的创始人，专门研发和生产韧性材料，由于有技术支撑，生意不错。随着公司壮大，万金先后招聘了近 20 名员工。按照惯例，公司要为员工提供午餐。以前公司不到 5 个人，吃饭怎么都好说，叫个快餐或者约着在公司门口吃碗面条即可。现在人多了，叫快餐成本高。每个人完成工作的进度不一样，也不好约了，何况那么多人一起吃饭，小饭馆连个地方都没有。公司正好在楼下有个储物间，万金寻思着把它改造成厨房，专门雇人做饭，一来吃得健康，二来成本也低。万金的姨父听说他的公司要请人做饭，便毛遂自荐，亲戚朋友们也都劝，说是“肥水不流外人田”。万金想了想就同意了。结果，一个月之后，万金说什么也不让姨父干了，原因是：姨父太把自己当回事儿，在公司里没事瞎晃荡，动不动就说黑娃（万金的小名）小时候怎么怎么淘气，自己怎么怎么带着他。有的时候对公司客户指指点点不礼貌，让他倒水，他就骂骂咧咧。做饭不认真，好几次吃出来苍蝇和蟑螂。他还支使公司里新来的小刘去帮他买菜，许诺说他会让万金给小刘整个好差事。万金每天给他 100 元肉钱，可是一顿饭吃下来就有点碎肉末而已……

不过，德鲁克在《卓有成效的管理者》一书中，提供了另一个思路，他把“因人设岗”当作一个用人的重要要则：“卓有成效的管理者在用人时，会先考虑某人能做些什么，而不是先考虑职位的要求是什么。”①这提示创业领导者也要注意，凡事都有例外，如果“人”是指“特殊人才”的话，“因人设岗”不仅可行，还会带来惊喜。

万金有个同学叫李伟，本科学的是高分子材料，硕士跨专业学了电子商务。李伟家境一般，又是外地人，找工作一直不太顺利。万金对李伟非常了解，知道他能力强，有闯劲儿，特别想让他到自己的公司工作。可是，公司的研发和销售走的是传统的线下渠道，李伟进来没有岗位，可谓是英雄无用武之地。让他改行做线下销售，一来是可惜，二来是李伟自己不愿意。后来，在开管理层会议时，万金就把这个问题提出来征求大家意见。财务总监和技术总监都认为，“因岗设人”是招聘的基本原则，不应该让李伟进入。只有行政总监认为，初创企业，就是要“不拘一格用人才”。既然李伟那么优秀，公司正好也没有线上业务，不妨就破例“因人设岗”，让他把公司的电子商务搞起来，没准会有意想不

① [美]彼得·德鲁克．卓有成效的管理者．许是祥译．北京：机械工业出版社，2017：81.

到的效果。搞不好的话再解聘，损失也不大。万金一听豁然开朗，果断地聘请了李伟。李伟也不负众望，虽然没能把企业的电子商务搞得风生水起，但确实开辟了一条新的发展道路，后来他还当了公司的技术总监。

三是情理结合。人是有感情的理性存在者，这就决定了人与人之间的交往，必须做到"情理结合"。创业领导者对追随者讲"情"，就是人格上尊重追随者，生活中关怀追随者，工作时激励追随者。但是，讲"情"不是"混淆你我"、"不分彼此"，领导者要适当留出距离，保持个人威信。没有威信，"说话就没有人听"，就会降低团队的凝聚力和执行力。创业领导者对追随者讲"理"，就是重视制度建设、优化工作流程、关注经济效益，但是，讲"理"不是高高在上、冷冰冰地发号施令，与追随者距离太远，就会降低追随者的忠诚度。情理结合是高超的领导艺术，创业者需要在创业实践中反复总结经验、把握讲"情"讲"理"的尺度。

二、人力开发的有效手段

人力开发的方法多种多样，一般来讲，最常用的有以下三种：培训、轮岗和深度辅导。培训是最为常见、最易于操作的人力开发方法。培训可以分为常态化培训和专题培训两种类型。常态化培训是指通过制度、习惯等相对固定下来的日常化培训方式。常态化培训既可以是周期性的，也可以是不定时的。这类培训通常有一个培训主题，但是主题的范围非常宽泛，大都侧重于员工的综合素质方面。心理素质、沟通力、领导力、写作能力、行政能力等类型的培训大都属于此范围。专题培训则针对性较强，主要面向专业人员。销售培训、绩效培训、财务培训等属于此范围。无论是常态化培训还是专题培训，都有各自的功能和优势，都是创业领导者和追随者需要的。

培训方式较为常见的有：课堂培训、现场培训、模拟培训和素质拓展等。(1)课堂培训主要用于理论学习或问题研讨。优点是简单易行，成本较低，培训系统性强。缺点是学员实际操作受限，很难学以致用。(2)现场培训要求根据培训目标，在特定场景下，实地考察，辅之教学讲解或学员实操。优点是学员能够直观现实，体验较好。缺点是程序较为烦琐，培训主题单一，成本相对较高。(3)模拟培训则通常是在可控虚拟环境下进行，如演习场或实验室。企业经常采用的经营沙盘(物流、金融、生产等)模拟，就是此类培训的典型方式。优点是既具有系统性，又具有实践性，易于组织。缺点是模拟环境相对简单化和理想化，与现实情况有一定差距。(4)素质拓展是指通过一系列的目的性项目，提升学员的肢体协调性、团队精神、沟通能力等通用技能。优点是娱乐性强、形式多样、气氛融洽。缺点是培训效果不易衡量。应该说，没有完美的培训方式，只有适合与不适合。创业领导者要熟悉各种培训项目的优点和缺点，在有条件的情况下，根据培训目标，优选培训方式，加大培训力度，提升自身和追随者水平。

轮岗是人力开发最有效的方法。所谓轮岗，就是员工通过多岗位的锻炼，培养能力、挖掘潜力、提升水平和视野格局的过程。轮岗主要用于提升员工的专业基础知识和通用技能，尤其侧重于后者。轮岗能够显著增强员工的大局意识和危机感，帮助员工熟悉企业运作，学会换位思考，为企业内部沟通提供润滑。在成熟企业中，轮岗通常都被视作员工晋升的必经之路。在初创企业中，能够胜任多岗位工作则是员工的必备能力。在这个意义上可以说，轮岗是员工成长的快速通道。创业领导者要有意识地安排追随者(无论是新员工还是老员工)到不同岗位锻炼，帮助他们走出舒适区，适应新环境。需要注意的是，轮岗需要一定的条件。轮岗既要尊重岗位需求，不是任何岗位都需要轮、都可以轮；也要适当考虑员工意愿，防止人才流失。总之，轮岗不能影响企业效益。

刘杰是一家生涯教育培训公司的创始人，她最近在公司里搞了一次大轮岗。她要求：凡在公司同一岗位工作超过半年的员工，都需要进行轮岗锻炼。这下热闹了，公司一共10个人，有6个人都需要轮岗。并且，公司一共才3个部门，行政部、销售部和研发部。研发部原先有3个人，2人需要轮岗；销售部有5个人，3人需要轮岗；行政部有2个人，1人需要轮岗。排列组合轮换完毕，刘杰很满意，仿佛看到了每个员工都成为了多岗位能手的情景。可惜事与愿违，行政部影响不大，销售部和研发部都乱套了。新进入销售部的成员脸皮太薄，一跟陌生人打交道就恐慌，一个多月了依然如此，销售业绩大幅下滑。新进入研发部的成员根本看不上研发，觉得公司现有的课程体系太低端，但是他们也做不出来更好的，朝九晚五地在办公室如坐针毡。刘杰只好灰溜溜地找了个借口，让他们各自归位。

深度辅导是人力开发的前沿方法。深度辅导即是通过与员工的深度交流，改变其行为方式、价值观，挖掘其内在成就动机和潜力等的方法。在成熟企业，深度辅导通常都由资深的人力资源经理、顾问和特定领域专家进行。在初创企业，深度辅导可由创业领导者和高层管理者实施。在正式辅导前，领导者要对员工进行全方位的了解，包括其思想情绪状态、工作业绩、家庭基本状况、个人兴趣爱好等，找出其明显的优势和劣势。在辅导过程中，领导者要善于倾听，适时引导，充分了解、尊重员工的所思所想，不要急于把自己的观点强制表述出来，要尽一切可能让员工自己找到问题的症结和解决问题的办法。领导者的引导要简单、清晰、合情合理，不能模棱两可。完成深度辅导后，要持续观察员工行为，判断辅导效果。深度辅导一般不涉及业务，尽管帮助员工提升业务水平同样是领导者的重要责任。深度辅导具有一定的专业性，创业领导者需要事先学习；如果没有把握，可以先邀请专家示范和培训，再进行实践。不过，依然建议创业领导者，在有条件的情况下，邀请专业人士(企业内外均可)完成深度辅导。这是因为，一方面，如果深度辅导掌握不好，很容易导致创业领导者威信的丧失；另一方面，既然是创业领导者亲自上阵，无论结果好坏，都很难有任何回旋余地了。

第三节 人力开发的艺术

人力开发科学，是一个跨学科领域，对心理学、生理学、哲学、管理学等各个学科都给予其高度关注。虽然人力开发研究成果汗牛充栋，但大都是描述性和解释性的，且是在严格控制变量的实验室中进行，因此相当一部分成果的有效性和可靠性都非常有限。人力开发科学很难直接对创业领导力提升带来直接助益：创业领导者不可能花太多时间去了解人力开发科学复杂的理论，更不可能将其转换为可以具体运用的成果。从具体实践中可知，人力开发的艺术能起到更加重要的作用。

一、从“英雄”到“平民”

企业总是需要“英雄”的，即便“英雄”不负责具体事务，但他能够充当精神领袖的角色。对于初创企业而言，“英雄”的重要性更是不言而喻。创业领导者就是，也必须是“英雄”，只有“英雄”高举旗帜，凝聚团队，企业才能扬帆出海，乘风破浪。相反，如果“英雄”倒下了，失败了，企业就很可能土崩瓦解。简言之，“英雄”在企业在，“英雄”亡企业亡。“英雄”虽然有极高的威望，但他不是，也不能成为“独裁者”。在初创企业中，“独裁者”可能是极其优异的领导者，真理都掌握在他的手中，十个追随者加起来也未必赶得上他。正是因为有了他，企业才免于夭折，发展才能顺风顺水。然而，“独裁者”不可能永远都是正确的，即便他永远是正确的，他也有退出舞台的时刻，总需要继承者。如果继承者不具备“独裁者”的实力，企业就会岌岌可危。因此，创业领导者要做“英雄”，但绝不能成为“英雄独裁者”，而应该具有浓厚的平民意识。

所谓具有平民意识，一方面是指创业领导者不能总是高高在上，对追随者颐指气使，而应该在保证领导威信的同时，与追随者一道，尽量构建和谐团队。一般而言，创业领导者对企业价值理解更为深刻，对行业了解更为透彻，自身的综合素质能力更强，追随者因为对创业领导者的认同而加入团队。追随者的综合能力必然在总体上低于创业领导者，这是追随者之为追随者的重要原因。如果创业领导者仅仅运用这一优势对追随者发号施令，而不是与其拉近心理距离，追随者在高压状态下就会产生逆反，甚至故意“磨洋工”、“搞破坏”。因此，创业领导者要注意平等待人，对追随者进行正面的引导、辅导，在情感上与他们靠近，让他们“心有所属”，从而保持进步的动力。换句话说，创业领导者自身要进步，始终保持能力领先，但同时，要注意保持与追随者的血肉联系，始终保持情感接近。

另一方面是指创业者领导企业，所使用的方法、积累的经验等应该是可以供他人学习和传递的，不能过于依赖创业领导者的个人能力。比如创业领导人具有极其旺盛的精力和丰富的客户关系管理经验，大部分事情亲力亲为(创业初期尤其如此)，没有通过制度的形式规范程序性事务；对于非程序性事务，缺乏预案，只依靠创业领导者高超的领导艺术，不重视总结经验教训，未能形成长效机制。这些本领均属于领导者个人，追随者已经习惯了这种方式，事事请示汇报，交由领导者解决，导致能力和经验无法传递。一旦企业管理层变动，就会后继无人，从而对企业造成巨大冲击。

刘全的企业都是他一砖一瓦建起来的。他最看不惯的就是笨手笨脚的员工，觉得他们不动脑子，就只会用笨办法做事情。每天一上班，刘全就坐到办公室里，处理员工们各种各样的问题。他经常抱怨，张三外联能力差，打个电话都支支吾吾；李四的 PPT 做得那么难看，怎么给客户；王五经常算账算不清，搞什么事情都乱七八糟。员工们都开玩笑说，刘总能力太强了，少了他公司真不知道怎么办。结果一语成谶，刘全得了胰腺炎，住院了。公司不得不停止营业。后来，刘全出院，公司重新开张，但是很明显，经过一场折腾，刘全的身体和精力都大不如前了。他开始减少抱怨，尽量传、帮、带，争取让员工自立、独立，比如带员工出去见客户，耐心地教他们打交道的方式，而以前，他一听到员工说话就冒火。他把一些管理方式制度化，让员工们有章可循，而以前，他说什么就是什么。有一次，他在洗手间听到员工议论：刘总生病就是自找的，他太强了。如果他早像现在这样，公司也不至于受打击。他叹了一口气，没事人一样回到办公室。

创业领导者应该“两手抓”，尽量使用结构、制度等形式对程序性事务进行规范。同时，不能以“英雄”自居，而是要把自己“降格”为“平民”，言传身教，对其他“平民”传帮带，当好“平民先锋”。简言之，创业领导者要为自己的“缺席”做好准备。不能少了创业领导者，“地球”都不转了。

二、从“保健”到“激励”

拉姆齐认为：“从本质上讲，工作有两个理由：一是为衣食住行而赚钱；二是为了更高的使命而工作。”①美国心理学家赫茨伯格更加具象化，在他看来，员工保持忠诚、恪尽职守、高效率工作的关键因素就在于“保健”和“激励”，他称其为“双因素理论”。“保健就是使用各种方法从人所处的环境中消除那些健康隐患……保健因素包括监督、人际关系、工作条件、薪酬、公司政策和管理实践、福利待遇以及工作保障……能够带来积极态度、工作满意和激励作用的那些因素被称为‘激励因素’，或工作内容中的事情。激励因素包括成绩、成就感、有挑战性的工作、更高的工作责任、发展和成长的机会，以及诸如此类的因素。”②“保健”是前提性条件，尽管每个员工对“保健”的理解和需要在“量”上有所不同，但是“保健”必然与其切身利益相关。如果

① [美]戴夫·拉姆齐．创业领导力．高艳东译．北京：科学出版社，2012：92.

② [美]丹尼尔·A. 雷恩，阿瑟·G. 贝德安．管理思想史．孙健敏，黄小勇，李原译．北京：中国人民大学出版社，2014：516.

无法保证“保健”，员工就会对工作表现出不满意，甚至不接受雇佣。但是，如果企业仅仅能够满足“保健”，员工也不可能充分发挥潜力，因为既然“保健”已经满足，而多发挥能力毫无用处，那不如消极怠工，做一天和尚撞一天钟，没有更高的动机需求。此时，员工需要“激励”。

“激励”由“激”和“励”构成。“激”就是激发，激发员工的动力、体力和智力。没有动力，什么都做不了、做不好，员工难免有工作倦怠、动力不足的时候，所以需要激发动力。身体是革命的本钱，难免有犯懒或体力不支的时候，所以需要激发体力。激发体力不是要求员工减少休息或者鼓励“带病工作”，而是合理运用体力、激发体力潜能。智力难免有未开发或开发程度不够的时候，所以需要激发智力。只有充分激发起员工的动力、体力和智力，才能保证工作的效率和水平，甚至还能获得创造性的想法（比如在劳逸结合中产生灵感）从而增加经济效益。总而言之，激励就是要激发起员工的动机和自我实现，就像利多指出的那样，“创业领导者要创造环境和任务目标，让他们的员工感到：能控制他们的环境和命运，他们在发挥最佳的才能，正在做对他们自己有意义的事”①。

“激”的实现，有两种方式。一是强制激发。强制激发是指创业领导者运用技术手段，激发员工的动力、体力和智力。强制激发不需要征求员工意愿，而是强迫员工必须遵照执行。需要注意的是，强制激发并不涉及伦理问题，这里的强制，不是道德意义上的强迫，而是通过管理制度调整、新技术的采用、流程优化等方式“相对”强制。泰勒的科学管理等就是通过对工作流程的调整和优化提高员工的工作效率。

二是内部激发。内部激发是指创业领导者通过“励”，吸引员工自愿实施自我激发。“励”就是奖励。奖励的方法有很多，比如以晋升为“励”，能让员工自觉寻求轮岗、培训机会，提高竞争力，以增加晋升可能性。精神奖励能

---

① ［美］德里克·利多．创业领导力．龚阿玲译．北京：中国人民大学出版社，2017：97．

让员工获得荣誉感、关注感和认同感，满足“虚荣心”。物质奖励不仅能让员工有“被承认感”，还能让员工有机会在一定程度上改善生活，吸引其努力工作，以便获取更多物质奖励。“励”的关键在于内容、程度和时机：从内容上看，只有物质奖励，员工就会对奖励的意义缺乏认知，奖励转变成了交易；只有精神奖励，员工得不到实惠，奖励转变成了空头支票。因此，凡是奖励，物质激励是基础，精神奖励是根本，二者不可偏废。

从对象上看，激励范围过广，甚至于人人有份，实干、有能力、效率高和善于创新的人就会觉得不公平；激励范围过窄，奖励的教育意义不明显，追随者也难免失望。因此，创业领导者要审慎辨明对象，“激励会实干的人而不是激励会评论的人，激励有能力的人而不是激励努力工作的人，激励高效益工作的人而不是激励高数量工作的人，激励善于创新的人而不是激励因循守旧的人，激励独立思考的人而不是激励听话的人”①。

从程度上看，奖励“过”或“不及”，都可能带来激励失效的危险。奖励机会太多，含金量下降，员工获取欲望不足，起不到激励作用。奖励机会太少，员工获取无望，或将获奖当作运气，同样起不到激励作用。物质奖励太大，奖励范围太小，容易滋生“内定论”、“阴谋论”；物质奖励太小，奖励范围太大，容易滋生“平均论”、“无用论”。奖励的程度必须要适中，这就需要领导者在“过”与“不及”之间保持必要的张力。

古正的公司近期新签了一笔大订单，他决定对员工们进行奖励。他给每个人都发了一千元的红包，满心欢喜地等待着员工们致谢。可是等了一天，除了在微信群里大家礼貌性地说了句“谢谢”，找他汇报请示的人不少，却谁都没提奖励的事儿。古正问了性子耿直的小李，小李说：“又不是只有我得了，每个人都得了呀，还需要特别感谢吗?”古正一想，

① 刘峰．新领导观．北京：北京大学出版社，2011：69—72.

看来花了钱也没有什么用，索性下回只奖一个两个。第二次奖励，古正提高了奖项额度，只奖励一个人，额度一万元。他把奖励给了在签订单过程中表现最为突出的新员工小丽。小丽自然是欣喜若狂。可是才三天，小丽自己把奖金还给了古正，委屈地说："这两天他们都说我是靠与你睡觉才得奖励的，这种钱我不要。"古正安抚了半天才把小丽劝好。事情虽然解决了，古正陷入了巨大的困惑，到底如何奖励才有好的效果呢？他问了问总裁班同学老张，老张告诉他，你可以试试先发个人奖励，再发团体奖励。古正照办了，这回，他先把两个单项奖励发给表现突出的员工，并开会表彰。而后，又给每个员工补发了一千元红包。有一个上班不守规矩游手好闲的员工，不仅没得到红包，还被他解雇了。

从时机上看，"励"必须在"激"之后，不能未"激"先"励"，"励"到手了，就不愿意"激"了。但是"励"也不能离"激"太远，太远了，"激"就没有动力。最好的状态是，"激"完成后，及时"励"，这既是对上一次"激"的肯定，又拉开了下一次"激"的序幕。需要指出的是，阶段性的"励"非常重要。有时，员工承担的是大型项目，需要耗费较长时间。如果没有阶段性的"励"，员工就很难持续高质量地完成工作，项目就很可能出现虎头蛇尾，甚至烂尾的情况。初创企业人员少，分工不够细致，员工的工作量非常之大，经常会出现一个人负责项目的申请、招标、执行和结项等多个阶段乃至全过程的工作，这时就更应该注重及时奖励。

三、从"使用"到"服务"

传统领导学把"驭人"之术摆在首位。无论是中国还是西方，政治学、管理学中的"驭人"技巧多如牛毛。老子的《道德经》、马基雅维利的《君主论》等名家名作中，就有大量关于"驭人"的思想。"驭人"的最终目的是既要让马儿跑，又要让马儿少吃草甚至不吃草。"驭人"，就是以较小的代价让他人为我所用。现代领导学则反其道而行之，领导者不仅要"少使用人"，还要"被人使用”，即领导者要从“使用者”的角色向“服务者”的角色转换。

诚如前文所述，领导力是双向的：领导者对追随者施加影响力，同时追随者也对领导者施加反作用力。如果追随者的反作用力过大，甚至于会一跃而成为实际的领导者，领导者则沦为追随者。

> 从某个角度说，在古代的奴隶社会，表面上看主人对奴隶有绝对的支配权：买卖、虐待甚至杀戮。但是，主人的日常生活起居和心情状态，却又往往取决于奴隶的工作。奴隶提供什么样的餐饮，主人就只能享用什么样的餐饮。奴隶给主人安排什么样的行程，主人也只能被牵着鼻子走。奴隶如果心情不佳，可能会在服务主人的细节上体现出来，主人会感到各种不适。聪明的奴隶主都明白：如果主人想生活得好一些，光赚钱是没用的，打骂更是可能招来奴隶的报复，还不如稍微对奴隶好一些。

对于创业领导者而言同样如此，尽管领导者和追随者有别，在企业中的实际地位并不对等，但“人同此心，心同此理”，谁也不愿意被当作“工具”。因此，“使用人”很难换来真心，“服务人”却能够换来他人平等的乃至更高的对待。实际上，“服务”与“使用”在目的上是一致的：创业领导者能够实现领导意图，获得实实在在的收益。创业领导者的高超艺术在于，能够把“从上至下的单纯使用”，转换成“通过服务的形式使用”，即实现从“使用”到“服务”的心态、行为、制度等方面的转变。邓小平指出，领导就是服务，其“内涵就是为追随者提供所需的引导激励，提供所需的一种有利情境”①，真可谓道出了现代管理学的核心原则。

需要指出的是，从“使用”到“服务”的转变绝不仅仅是“用人”手段的转

---

① 刘峰．领导科学与领导艺术．北京：高等教育出版社，2014：113.

变，还是对人的态度的根本转变。康德指出，不能把人当作手段，而是要当作目的。人有自由和尊严，“使用”意味着把人当作手段而非目的，“服务”意味着人与人之间互相尊重、互相成就。对于创业领导者而言，“服务”就是通过为追随者创造条件、解决困难、帮助辅助等形式，帮助追随者自我实现的同时，促进企业的生存和发展。“服务”能带给追随者自由、尊重、成就之感，能够促进其对创业领导者及企业的忠诚。

孙哲刚开始成立公司的时候，特别注意员工管理，不仅要求员工必须严守纪律，还必须 24 小时开机，随叫随到。收到邮件或微信，10 分钟内必须马上回复。他自己也是这样，只要手机有信息，无论是睡觉还是吃饭，都必须拿起来马上回复。他常说：“客户是衣食父母，怠慢不得。”时间一长，搞得他神经衰弱，经常头疼、失眠。为了让他好好休息，妻子刘云以陪儿子读书为由，要求孙哲去澳洲三个月，自己接手公司进行管理。孙哲前脚刚走，刘云就发动了“政变”。她取消了那些“严苛”的规定，要求员工学会自己解决问题。一般事务不用向她汇报，但是遇上困难要第一时间找她。她经常私下找员工谈心、交流，时不时关心员工的家长里短，有时买了米呀、面呀就借口吃不了，送给员工。慢慢的，刘云忙碌起来，但她忙的不是监管，而是各种各样的“服务”：员工工作有了困难，找云姐聊会儿；谁家有个什么事儿，找云姐商量。公司的工作业绩并没有因为孙哲的缺席而下降，相反，办公室里其乐融融。本来孙哲在澳洲憋着劲要回公司“整顿”，结果，三月后，他看到刘云的“服务”成效，无奈地说：“看来我真的要退休了。”

创业领导者“服务”追随者的形式有很多。比如指导追随者提升工作技能，帮助追随者解决工作中的困难，搭建平台让追随者发挥才能，为追随者的家庭生活提供便利等。创业领导者“服务”追随者必须全心全意，不能虚情假意、口是心非，更不能把“服务”当作“恩赐”，否则，敏感的追随者会很容易发现。创业领导者不妨把“服务”当作一种领导方式的转变，内化于心、外化于行。初创企业人员集中、空间有限，领导者的权威较高，如果能“屈尊纡贵”，追随者必然能够强烈感受到创业领导者的真心，激励的效果更加显著。

四、从“集权”到“授权”

创业领导者大都喜欢“集权”。这是因为，“集权”一方面能满足领导者个人的权力欲，这是地位和身份的象征；另一方面领导者大权在握、把控一切，会更有安全感。“集权”要求多知多能，甚至全知全能，而创业领导者的时间、能力和精力有限。如果创业领导者同时要负责处理企业的行政、人力、营销、市场和财务，最有可能出现的情况是，创业领导者非常有“存在感”，然而这种“存在感”很快会演化成“无力感”，因为“分身乏术”、“心有余而力不足”。并且，创业领导者突出的“存在感”，会令追随者有强烈的“隐没感”，从而怀疑自身存在的价值及自我实现的可能。

李勤是国内知名生涯教育培训机构的创始人，拥有无数光环：创业者、生涯教育专家、畅销书作者、企业培训大师……企业做得风生水起，订单源源不断。但是，该企业创立两年后，多名高管离职。其中一位高校事业部经理给出的理由是，创业领导者光芒太盛，权力控制过紧，事业部经理始终处在其阴影之下，无法施展才能。无论怎么努力，似乎企业并不打算把自己推上前台，事业天花板已经到了，只能另谋他就。

关于“授权”的好处，创业领导者当然知道，他们了解“一个人成不了事”，即便火力全开，所得依然极其有限。“对于领导者来说，授权是一种分身之术。授权以后下属能够得到培养和锻炼，能够自我领导，领导者也就可以腾出时间和精力去为下属的自我领导设计更好的制度。”①

然而，关于“授权”，李勤担心的是，权力授出去了还能要回来吗？追随者获得了权力会不会干不利于自己的事情？追随者有能力行使好权力吗？自己会不会被架空？他说，如果我给这些经理权限，在不同场合进行推介，很可能一段时间之后，他们就会羽翼丰满、自立门户。他们可能会带走客户和团队，那个时候我就追悔莫及了。

对于创业领导者而言，无论有什么样的顾虑，从“集权”到“授权”不仅是必要的，还是必需的，不能因为“授权”中的各种顾虑就取消“授权”，因噎废食。创业领导者授权的关键是：把权授给谁，如何授权。“把权力授给现场工作的人，把权力授给有责任的人；但在授权的同时也要赋予下属明确的责任。下属既有权力又有责任，有利于下属工作能力的提高，有利于下属责任心的增强，有利于下属的独立工作，有利于下属实现自我领导。”②现场工作的人(一线人员)和有责任的人最了解情况、最需要权力、形势最紧迫，创业领导者如果还守着权力不放，最后损失的是自己；相反，如果果断授权，既能赢得人心，还能提升追随者的综合素质，何乐而不为？

更进一步说，创业领导者与其把主要精力放在“集权”还是“授权”的选择方面，倒不如认真考虑如何通过“授权”的方式“集权”：“授权”与“集权”是对立统一体，“授权式集权”是最有效的策略。创业领导者应首先区分核心权力和边缘权力，牢牢掌握核心权力不放松，同时尽可能把边缘权力下放。核心权力包括但不限于以下三项：重要领域的人事权和财务权、否决权、重大事项决定权。所谓重要领域的人事权，是指对企业中层领导、主要技术人员和

① 刘峰．新领导观．北京：北京大学出版社，2011：41.

② 刘峰．新领导观．北京：北京大学出版社，2011：40.

部门骨干的任免权。一般业务人员、项目成员、行政人员等人事权可以下放。重要领域的财务权，是指企业及其部门的预算、中期检查、大额支出等方面。一般项目预算执行、阶段性审核、小额支出等财务权可以下放。创业领导者无论何时都要牢牢把握否决权和重大事项决定权。否决权不能轻易使用，行使否决权往往意味着对追随者的重大伤害，如果确认追随者的工作走错了方向，可能存在重大隐患，最好在私下场合予以劝退。重大事项决定权往往意味着企业变革，包括战略定位调整、结构变革等，掌握不住，企业就有可能面临易主或失败的危险。把边缘权力授予追随者，表面上看是授权，其实是为了创业领导者更有精力把控核心权力，恰恰是“集权”。

在海底捞，张勇的签字权是100万元以上，副总、财务总监等角色是100万以下，采购部长、工程部长、小区经理是30万元。普通门店的店长有过万的签字权，服务员则有单桌的免单权、打折权。张勇深知，海底捞的运营是以“桌”为单位的，而服务员就是“现场工作人员”，所有的情况他最了解。如果不授权，服务员可能为了一个9.8折的优惠或者替换一个“不满意的菜品”去和店长反复交涉。这会给顾客带来非常不愉快的体验，减少光顾次数，“因小失大”。相信服务员，给予他相应的权限，他就能根据顾客的需要灵活应对，尽最大努力使顾客满意。海底捞也从顾客满意中收获了经济利益和社会效益。

创业领导者需要注意的是，核心权力与边缘权力的区分并非绝对，在一定条件下，二者可以相互转化。某个项目团队的内部权力，对于创业领导者而言属于边缘权力。但是当该团队日益发展壮大，成为企业主要的经济收入来源，团队负责人的威望与日俱增，其权力属性就从边缘转向了核心，创业领导人的权力属性则从核心走向边缘。创业领导者如果不妥善处理好与该团队及其负责人的关系，就有可能会使团队脱离企业，自立门户。初创企业失败率高的一个重要原因就是团队破裂，项目负责人带领成员、核心业务及客户出走。这就要求创业领导者一定要掌握“授权式集权”的艺术，既不能不授权、假授权，又不能只授权不集权。

五、从“效益”到“价值”

这里的“效益”，并不是指企业的经济效益，而是指人的效益。人的效益是指以较小的用人成本换取较高的经济效益和社会效益。创业初期，积累少、开销大，增加雇员成本太高，必须加以严格控制。因此，创业领导者对员工的要求必然高一些，比如低工资、高工作；少休假、多加班；不抱怨、听指挥。一般来讲，新入员工会积极表现，努力融入企业，做到创业领导者满意，即重点考虑是否做到了外在满意。然而，经过一段时间磨合之后，员工就会开始反省自身与工作的适应问题，即考虑是否做到了内在满意。

内在满意与外在满意是明尼苏达工作适应论中的核心范畴，是由美国明尼苏达大学教授罗圭斯特和戴维斯提出来的。该理论假设，人的职业发展与两个条件有关，一是外在满意，即用人单位对员工的能力认可度。外在满意得到满足，员工就会获得继续被雇佣、加薪、升职等机会；反之，员工就有可能被降级、转岗甚至解雇。二是内在满意，即员工自身对现有工作的认可程度。内在满意得到满足，员工就会继续主动工作，加倍努力，施展更多才华；反之，员工就会消极怠工或是考虑跳槽。初创企业之所以员工流动速度快，主要原因就是内在满意与外在满意失衡。只要失衡发生，人的效益就会递减，创业领导者就不得不承受随之而来的损失。

由此可见，尽最大努力避免内在满意与外在满意之间的失衡，成为了创业领导者的重要工作。那么，如何避免这种失衡呢？简单地说，创业领导者必须实现从“效益”到“价值”的转变。一方面，追随者进入企业工作，能够创造价值；另一方面，最有价值的就是追随者本身。对于前者而言，创业领导者必须在追随者创造的价值与其应得回报之间建立对应关系，即按劳分配，不能片面追求剩余价值。当然，创业者可以通过企业流程再造，提高劳动生产率，提高追随者单位时间内的价值产量。对于后者而言，创业领导者可以利用愿景凝聚人心、进行精神鼓励，与此同时，必须把追随者当作有感情的人，在力所能及的范围内，尽可能满足追随者的归属、社交、自我实现、家庭等方面的需求。

> 张聪创立了一家 IT 公司，成立初期，算上他自己一共只有三个员工。生意还没上轨道，收入不稳定。张聪把赚到的所有资金都用于给员工发工资，自己分文不取，甚至境况不佳时还自掏腰包吃老本。他经常说起自己的战略定位，千方百计地为两位员工创造发展机会，比如让他们直接与客户谈判、参加技能提升培训等。两位员工嘴上不说，但都知道公司的情况，非常感恩。逢年过节，张聪还把他两请到家中热情招待。结果，两名员工心甘情愿地包揽了公司所有工作，几乎完成了五个人的工作量，这就给张聪腾出了大量时间和精力琢磨“大事”。他们还积极主动地为公司拉项目、做推介，他们相信总有一天，公司会成长壮大。张聪的价值思维收到了超额的效益回报。如今，公司有了 10 位员工，两位元老已经荣升主管。

人力资源开发，归根结底，是由“人”开发“人”，因此，这一开发过程，必须要具有“人性”。没有“人性”，人与人之间就无法达成理性共识和感性共识，也就不可能挖掘出“人力”的潜力。人性虽有不同，但是尊重人、理解人，把人当作目的而非手段则是相通的，每个人都是独一无二的，具有最高价值。创业领导者应该认清自己的身份，了解自己的使命，运用人力开发的艺术，服务于企业经营的实践。

第七章

文化塑造：

创业领导力提升的柔隐驱动

文化塑造在创业领导力中发挥作用的方式比较独特，这是因为，文化并不直接针对企业中的某个对象发生作用，而是营造一种氛围，再通过氛围反向渗透创业领导者和追随者。成熟企业的文化具有传承性、稳定性，初创企业文化则具有个体性、易变性。个体性是指初创企业的文化与其领导者的行为风格、价值取向等密切相关，易变性则是指初创企业的文化稳定性不足，团队成员发生变化或是领导者有了改变，文化内涵也就变了。创业领导者要重视企业文化的作用，既要积极塑造正面文化为企业发展服务，又要防止负面文化"反噬"发展成果。文化塑造力是创业领导力中较高级的层面，"借助企业文化、组织文化来影响人、教育人是一种效果极佳的隐性领导的形式"①。

第一节　文化塑造与创业领导力

从学理上说，"所谓'文化'，顾名思义，'文'是一个表象，是显露在外面的东西；'文'是形式，是看得见的章法，是一种生活行为，但它也是一种力量，能够产生一种境界和价值。至于'化'的意思，是指人类生活行为的转化，能够转变现实为一种新的气象。综合'文'、'化'，行为与价值的转化作用，就叫作'文化'。它代表一种创造力，也代表一种创造成品"②。简单地说，文化，按照其基本含义，就是以文化人，即使人作为人、成为人。"使人作为人"，就是说文化能将人与其他动物区分开来，人有理性、能思考、讲道德，可以讨论自然科学，也可以研究形而上学，而动物只能按照本能生存。"成为人"，就是说人刚出生时，与动物无异，需要经历"成为人"的过程。这一过程主要就是使人感悟文化、学习文化、内化文化，从而成为真正

---

① 刘峰．新领导观．北京：北京大学出版社，2011：119.

② ［美］成中英．C理论：中国管理哲学．北京：东方出版社，2011：199.

意义上的“人”。那么，企业文化是什么呢？这与其产生来源有关。

一、企业文化的两翼

依照沙因的理解，企业“文化的产生基本上有三种来源：(1)该组织创立者的信念、价值观以及假设；(2)群体成员在组织演变过程中的学习经历；(3)由新成员和新领导者带来的新的信念、价值观和假设”。[①] 从以上概括可知，企业文化，就是基于历史传承的组织行为风格和价值观的总和。对于初创企业而言，因为“初创”，所以不太强调历史传承，但更加强调“创业领导者”。基于此，初创企业的文化就是创业领导者主导下的组织行为风格和价值观的总和。

行为风格，是指企业在内部管理和外部交往过程中表现出来的路径依赖和行为倾向。有的企业崇尚轻松、活泼的工作氛围，这可以体现在工作场所的装修、装饰风格，上司与下属的关系，弹性工作制等方面。有的企业要求严谨、沉稳的工作氛围，可能在对员工出勤率、制度执行水平、质量控制等方面比较苛刻。应该说，单就行为风格本身，没有好坏之分，只有是否适合。对于成熟企业来讲，尽管创始团队的行为风格一般都影响深远，但是随着企业的不断发展，行为风格多少会发生变化，但总体来说趋于稳定。在初创企业中，创业领导者的个人痕迹非常明显。追随者之所以选择加入创业领导者的团队，与对其行为风格的认同密切相关。

企业的内部管理和外部交往在行为风格上可能一致，也可能不一致。有的企业内部管理十分严格，但是外部行为却表现得非常温和。有的企业则内外一致，从其对待客户的方式上就能窥见内部管理水平。衡量行为风格与企业是否相适的标准，最重要的就是企业的绩效水平。绩效包括业绩、效率和可持续性三个方面。某种行为风格能提升业绩和效率，并使企业发展具有可

---

① [美]埃德加·沙因．组织文化与领导力．章凯，罗文豪，朱超威等译．北京：中国人民大学出版社，2014：189.

持续性，那么这种行为风格就是可取的、良性的。相反，如果某种行为风格虽然追随者很满意，但却影响了业绩和效率，或者短期可行长期不可行，那么，就必须对这种行为风格进行重塑。初创企业行为风格的重塑，本质上，就是创业领导者个人行为风格的重塑。

毛颖开了一个电脑超市，生意还不错。但文科生出身的她，喜欢热闹，总觉得员工中技术男太多，气氛非常沉闷。她决心做出几个改变：在营销时淡化技术介绍，采用更加活泼的语言；举办几次露天营销活动，安排店里的年轻女员工表演走秀；给售后服务工程师定制鲜亮的工作服，让他们看上去可爱一些；把店里那些各种各样的电脑品牌标志弄得卡通，看上去亲切；店门设置迎宾人员。一段时间以后，毛颖发现营业额下降了。她赶紧给几位老客户打电话问情况，结果清一色的回答都是：现在的电脑超市看上去和一个娱乐场所差不多，一点专业性都没有，还不如以前呢。以前的虽然沉闷，可是电脑超市不就是应该那样吗？毛颖后悔莫及，只好连夜带着员工把那些“幼稚”的东西给拆除了。

价值观，是指企业在发展过程中，始终坚定不移奉行的信念和行为要求。有的企业看重“质量”，对内部管理、生产服务等各个环节都高标准、严要求。有的企业看重“体验”，把给予员工、顾客良好舒适的感觉放在首位。有的企业则看重“责任”，要求树立良好的企业形象，要求每位员工都以高度的责任感对待本职工作。价值观有正确与错误之分。企业如果遵从质量、责任、体验这些正面价值，在其客户关系、员工、产品和服务等各个方面都能体现出来。但是，如果企业表面上是“全心全意为顾客服务”，实际上则把“利益”看作第一位，从其内部管理和外部行为中也可以感觉得到。这样的企业注定会被市场抛弃，无法长久发展。初创企业领导者要特别引以为戒的是，不能把错误的价值观带给企业，即便盈利压力很大，也要带领团队正确做人、正确做事。

朱玉良子承父业，创立了一家老年人保健品企业，服务宗旨是“全心全意为老年人健康保驾护航”。他爱面子，不愿意让家里提供资金支持，结果，新店成立，赢利压力巨大。每次要交房租和支付员工工资时，他都特别犯难。以往，老年人入店咨询，他都尽心尽力地解释，服务态度特别好，想着买卖不成仁义在。这段时间，他开始夸大宣传，懒得费口舌解释细节，言语中总是透着一股铜臭味。对于那些没掏钱的顾客，他有的时候直接说人家儿女不孝顺，有的时候又说什么吃不起保健品的人怎么着怎么着……结果，一个月下来，进店选购的人更少了。有的老人多嘴，直接跟店员说：“以前还觉着老板是真心对我们好，为我们着想，现在是明白了，他就是一个商人。”

二、主流文化与亚文化

如果从文化类型方面考察，可以区分为主流文化和亚文化。主流文化就是创业领导者通过正式渠道传播、希望能得到追随者认同并在行为上有所体现的文化。主流文化一般都积极向上，能够与企业愿景密切结合起来。主流文化包括：吃苦耐劳、戒骄戒躁、努力拼搏、奋发有为、团结协作、勇于创新等。如果主流文化能在企业文化中形成引领，那么企业整体风貌就会呈现出正能量，让员工和顾客体味到信任、可靠、高效、活力等感觉；如果主流文化势弱，那么企业整体风貌就会被亚文化掌控，体现出杂乱、破碎、低端、衰颓气象。尽管亚文化未必都是负面的，但肯定很难保持系统性和一致性。

亚文化是企业在发展过程中滋生出来的与主流文化不一致的文化。员工抱怨、个人行为风格、小道消息和外来思潮等都属于此类。众口难调、各有所需，员工对工作有情绪可以理解，抱怨是人们倾诉情绪的一种有效手段。

个人行为风格尽管高度异质化，但是人有模仿的天性，多多少少会在人与人之间传染，比如语言、手势等。小道消息源于人们的好奇心，因为正规渠道缺乏相关信息，人们通过深挖掘、编造等方式获取对某个事件的解释。小道消息依据原始来源不同，有真有假。外来思潮包括一些流行的理论、观点、看法和意见，比如“创新不如抄袭”、“读书无用”、“虚无主义”等。这些思潮通常都是以特定的社会现象作为基础，有一定解释力，但是价值观和世界观导向有问题，通常片面夸大问题的某一方面：“创新不如抄袭”是对当前知识产权保护不力的夸大和情绪宣泄；“读书无用”是对当前大学生就业难情境的夸大；“虚无主义”是对“历史包袱”以及所谓“一切历史都是当代史”等观点的歪曲理解和夸大。这些思潮博人眼球，有时还影响很大。

创业领导者要高度重视亚文化，不能让亚文化替代主流文化。但是，领导者又不能一味依靠堵塞渠道消灭亚文化：一方面，亚文化的存在必定有其土壤，无法禁绝；另一方面，亚文化也反映出企业运营过程中存在的某些问题。对于亚文化，关键是要找出其滋生的原因，如果确实是企业存在的问题，就要给予解决。如果仅仅是谣言，要对造谣、传谣之人予以警告，严重的要及时解雇。创业领导者要明白，谣言有时会对企业造成致命伤害。

从根本上说，要使主流文化入脑入心，真正成为“主流”，从亚文化入手只是治标，治本的方法还是要弘扬主流文化，培养主流文化孕育的土壤。主流文化壮大了，亚文化自然而然地就会接受引领，往积极正面的方向发展；孕育主流文化的土壤肥沃了，亚文化就会“水土不服”“营养不良”。创业领导者要学会“标本兼治”，重点放在“治本”。

第二节　文化塑造的方法

文化只能塑造，不能创建。这是因为，企业一旦创立，就已经形成了一种或多种文化形态，谁都无法消灭已有文化，“从零开始”创建新文化。尤其是对于初创企业来讲，创业领导者占有绝对的主导性地位，创建文化意味着对创业领导者自身进行“洗心革面”的改造，这几乎是不可能的事情。所谓塑造，即是以现存文化为基础进行形态调整，去除不利于企业发展的方面，融入正面、积极的元素。简言之，文化塑造的任务，就是将“以创业领导者为主导的原始企业文化”，塑造为“以原始企业文化为基础，适合企业长远生存与发展的企业文化”。文化塑造需要遵循一定的原则和方法。

一、文化塑造的渐进性与主动性

文化塑造要把握两大原则：渐进性原则与主动性原则。渐进性原则是指，文化塑造是一个长期性和阶段性相统一的过程，不可能一蹴而就。尽管在创业初期，以创业领导者的个人风格为主体塑造了企业文化，但是其形态未必适合企业今后的生存与发展。这种“适合”与否需要经过企业多个阶段性发展周期后，通过反复地评估、衡量，才能获得初步证实。因此，创业领导者不能急于重塑文化，可以“走一步看一步”、“摸着石头过河”、“慢慢来”。并且，重塑文化不是一个独立的过程，需要与企业的战略定位、结构变革、制度构建、人力开发等结合起来系统考虑，尤其是要处理好与创业领导者自我管理之间的关系。创业领导者要重塑文化，要首先从自身做起，再推己及人。

王磊是个性子有些急的创业领导者，他奉行的原则是“干中学”，凡事“先上车，再买票”，不能“贻误战机”。在他的带领下，整个公司的行为风格都有些冒进、浮躁。经常出现的情况是，向客户做产品演示时，要么是PPT格式不兼容打不开，要么是里面的超链接、视频打不开，要么是错字很多……搞得他好几次都很窘迫。有一回，面对一个重要客户，他的PPT又出现了打不开的问题，匆匆忙忙解决之后，才发现，里面的内容是给另外一个客户演示用的：称谓、产品、价格等都没改。客户非常生气，当时就离席。王磊冲着秘书一顿嚷嚷，还拍了桌子。他

"痛下决心"，要彻底扭转风气。他把员工分成若干小组，要求组员完成工作之后，交互检查，确保万无一失；制定惩罚措施，员工如果因为急躁冒进出现失误，罚扣一个月奖金；每人"每日三省"，写自查检讨……一个月过去了，风气略有好转，但依然乱七八糟……王磊想不明白，这么"强硬"的措施，为什么效果不尽如人意呢？最后还是妻子一语道破玄机："形式有了，可员工的做事风格其实并未彻底改变，冰冻三尺非一日之寒。两个急躁的人交互检查工作，结果可想而知。最为关键的是，你自己不还是那样？你的臭脾气改了吗？"

主动性原则是指，随着创业领导者个人思想风格转变、企业发展、形势变化、员工流动和外来思潮影响等因素逐渐增多，企业主流文化必然会受到不同程度的冲击。亚文化会以不同渠道、不同方式渗透主流文化，体现自身诉求，发挥影响作用。这个时候，创业领导者绝不能被动等待，更不能指望"文化自治"，相反地，创业领导者必须审时度势，抓住时机，抵御不良行为风格和价值观的侵蚀，主动吸收有益元素，重塑文化。

二、文化塑造的三大环节

从程序上看，文化塑造需要经过"体验、批判、重塑"三个环节。一般来讲，要对企业文化有所理解，必须以亲身体验为前提。创业领导者虽然是企业原始文化的主要塑造者，但他未必自觉地"亲身体验"过企业文化，"只缘身在此山中"。因此，要实现企业文化的重塑，创业领导者必须自觉地把自己"摘"出来，作为旁观者，仔细、重新、亲身体验现有文化。当然，如果有条件，创业领导者也可以邀请第三方完成该环节。

亲身体验有很多种方式，包括观察、访谈、参与等。观察就是指观察者以旁观者身份，对正在发生的事情进行记录、描述和分析。观察可以是自己直接观察，也可以是邀请他人进行观察后提出意见。拉姆齐曾经提出一个有趣的理论，可以称之为"配偶观察"，即邀请包括配偶在内的"第三人"进入企业，让他们根据个人直觉，提出对某个问题的看法。拉姆齐根据亲身实践，认为“第三人”往往能提供正确的意见。创业领导者运用观察法时，要恪守观察的基本守则，保持缄默，千万不能干预。

访谈分为结构化访谈和非结构化访谈。结构化访谈是“按题作答”，即根据已经事先设定好的问题，要求被访谈者做出回答，强调系统性；非结构化访谈是“随机提问”，即访谈者根据现场情况对被访谈者进行提问，非结构化访谈不受访谈提纲限制，容易挖出“爆点”。访谈的对象可以是员工及其家属、客户和消费者等。创业领导者运用访谈法，要注意倾听，切忌过多或者不发表自己的看法和意见，也不能刻意引导被访谈者的作答方向。

参与就是指亲自参与到现实工作和活动中，以获得直观体验。毛泽东说，没有调查就没有发言权。调查要一切从实际出发，“参与”就是最为实际的。创业领导者自己是“局中人”，早已经“不识庐山真面目”了，可以通过各种渠道，邀请追随者、客户、亲朋好友甚至可以信赖的“其他人”到公司“体验生活”，给出直观感受。

郑新总觉得自己的企业文化有什么问题，却又说不好。公司是自己创立的，自己根本没办法做出判断。问了几位员工，大家也都支支吾吾，都没什么特别的感觉。有一次外出开会，同桌吃饭时结识了一位高校招生就业处的领导，郑新聊起了这个话题。该领导很走心，说正好处里想搞一个“员工挂职计划”，即选派一名高校教师到初创企业挂职锻炼三个月，问郑新愿不愿意合作。郑新满口答应了。一个星期后，童老师来到了企业。郑新没有刻意向她强调文化重塑的事情，只是依照常规，给她布置了一些工作。三个月很快结束，郑新专门与童老师谈了一次话，问她企业文化的问题。童老师仿佛早有准备，直接说了三点：一是制度文化不健全，员工缺乏制度意识，“例外”情况太多。郑新以人为本是件好事，但是没有规矩不成方圆。二是竞争文化不健全，员工缺乏斗志。郑总强调和谐和睦，但是内部竞争不充分，企业就会如同一潭死水。三是团队文化不健全，员工没有家的感觉，归属感不强，影响了工作动力。郑新听完，脸一阵冷一阵热，好久没有人“胆敢”这么“批评”她了。

创业领导者需要注意的是，无论自己多么小心谨慎，也不可能做到“完全客观”。科学哲学认为，没有中立的观察(体验)，观察(体验)总是被理论污染的。也就是说，体验的客观性必然会受到体验者自身理论知识背景、身份、个人经历等影响，即体验者自身的内在认知会本然地抵御、修正外来知识，容易出现尚未理解就开始评价的问题。创业领导者在体验阶段，无论是观察、访谈还是参与，都要时刻警惕自身偏见的影响。

在完成了体验之后，创业领导者就进入了批判环节。批判是指对企业文化的本质、形态、效果等进行综合评价，尤其是要阐明存在的问题，探索其发生根源。批判对于创业领导者而言是最为关键，却又最为困难的环节。一方面，创业领导者对带有自身痕迹的文化形态有天然的亲近感，无法“跳出来”；另一方面，批判意味着否定自身，这种否定很难令人接受。因此，创业领导者要对文化塑造保持清醒头脑，善于自我批判；同时要用宽容之心，善意看待他人批判。批判最常用的方法是：逆向思维法和假设法。

逆向思维法就是提出现存文化状态的对立面并论证其合理性。对立面获得的合理性证据越多、越充分，就越加证明重塑现存文化的必要性和紧迫性。不过，所谓对立面，可以是“反义词”，比如文化氛围“轻松活泼”，对立面是“严谨沉稳”；也可以不是“反义词”，而是工作重心的转移面，比如“重产品”的对立面不是“轻产品”，可能是“重营销”、“重服务”。假设法是指对现存文化的存在本身、条件、环境等进行虚拟，并论证虚拟情境合理性的方法。同样的，虚拟情境获得的合理性证据越多、越充分，就越加证明重塑现存文化的必要性和紧迫性。

方宇的公司历来注重文化建设，他希望打造一种“注重质量，以质量求生存”的氛围。最近，公司营收出现了压力，主要原因是产品过于注重质量，导致耗材和人工增加，但是良品率下降；销售渠道窄，客户流失严重。顾问几次提出，公司不能仅仅执着于质量，也要考虑在营销上下功夫。但是大家依然习惯对质量“斤斤计较”，坚信“酒香不怕巷子深”。方宇同意顾问的看法，试图做出改变。他召开会议，讨论如何重塑企业文化。顾问提出的第一个问题是：“注重营销，以营销求生存”的文化氛围，有什么合理性？员工们的回答无一例外都是如果只注重营销，产品质量就会下降，长期看公司会无法运营下去之类云云。顾问重申了问题，并要求大家只考虑“注重营销，以营销求生存”的合理性，其他的意见先保留。重申了三次，员工们才开始认真对待这个问题：重营销有利于打开产品销路，就会有更多的钱投入研发；重营销能够快速形成品牌，提高产品档次……顾问又接着问：假设“质量与营销并重”，公司需要增加什么成本？配套什么资源？员工们回应：广告成本，人员成本，适当降低生产部门资源配置，这些都是可以接受的。还有员工提出，在库存充盈时，生产人员也可以参与营销。会后，企业文化氛围有了转变，员工们虽然也严格控制质量，但是会把更多的精力投入营销。公司由原先的“科研气氛”转换成了“商业气氛”，开始形成“竞争文化”，只不过，这种竞争文化不再单是比“质量”，还开始比“业绩”了。

重塑是指根据批判的结果，对文化引导的内容和方式进行调整。文化的重塑要有“问题意识”，或者说要以“问题为导向”，同时兼顾系统性。文化塑造需要高超的艺术，创业领导者需要潜心修炼。

第三节　文化塑造的艺术

当前，国内外对于企业文化的研究成果较为丰硕，深度和广度都在增加，相关学科正在或已经成为显学。研究中既有定性研究，也有定量研究，都从某个角度揭示了企业文化发生、发展机制，并提出了对策建议。但是，大部分研究都是针对成熟企业，对于初创企业的文化塑造，则鲜有人问津。实际上，初创企业文化处于非系统化和复杂化形态，提升创业领导者的文化塑造艺术尤为紧迫。

一、非正式渠道的“正式化”

文化塑造有两条渠道。一是正式渠道，即企业的官方渠道。创业领导者在公开场合的演讲、制度文件的规定、办公场地的设计和创业团队队歌等，都属于正式渠道。正式渠道的最大好处在于权威、主流、影响深远，存在的问题则是难以深入人心、可能出现伪善。之所以难以深入人心，是因为企业文化本来就是外在于员工的精神形态，正式渠道很难兼顾每个员工的独特性，灌输效果有限，很容易出现“事不关己高高挂起”或者“集体的事与我无关”的旁观心态。之所以可能出现伪善，是因为员工出于对创业领导者的忌惮，很容易“说一套，做一套”，或是人前人后行为不同。

二是非正式渠道，即员工之间的私下交往渠道。人是社会性动物，具有交往的需求，在组织中更是如此：人们不仅有工作交往，也有私下交往。交往的过程，本质上就是信息传递的过程。同样是关于领导的信息，经过正式渠道与非正式渠道的传播，效果可能会有很大的不同。沙因举例说：“通过录像或者舞台环境下所得到的信息还是存在差异的，如员工在新入职时听到的领导欢迎致辞与在非正式场合观察到的领导的某些信息便会有所差异。而非正式信息往往是更为有力的教授和指导机制”①。员工对企业及其领导者的态度、对某个客户的看法、对自身状态和他人状态的评价、对人事信息工资信息的猜测等，都在交往过程中，互相影响、互相感染。如果某种看法得

① [美]埃德加·沙因．组织文化与领导力．章凯，罗文豪，朱超威，等译．北京：中国人民大学出版社，2014：212.

到了多人认同，就有可能会成为一种代表性意见，成为相对于主流文化的亚文化。非正式渠道的最大好处在于自发、传播速度快，存在的问题则是与主流文化相异，甚至抵牾，可能会破坏组织稳定。

孟丽的餐饮公司成立一年多，正是业绩蒸蒸日上的时候。此时，员工中不知为什么，突然开始流传一则小道消息：孟丽将任命厨师长张某为副总。张某心想："这是民意所向，自己的工作业绩出色，甚至可以说，没有自己也就没有公司，更没有孟丽。孟丽肯定清楚这一点，应该不会违背民意。"于是，他私下招揽多名员工投入其麾下，要求"效忠"，并承诺了很多"职务"。员工们看到张某的行为，以为他肯定先一步得到了确切消息：当副总的事情板上钉钉了。于是，连那些平时与张某合不来的员工都纷纷投诚。结果，孟丽任命了客户经理李某为副总。张某恼羞成怒，带领三名厨师当天罢工，随后辞职。孟丽知道此事的来龙去脉以后，责令严查造谣者。两个星期之后，查也查不出什么，只好不了了之。

无数的案例表明，非正式渠道不可忽视，创业领导者必须高度重视："流言蜚语能毁掉你苦心创建起来的一切好东西。如果团队成员都爱传播流言蜚语，你真的不可能让他们团结起来。流言蜚语的本质正是团结的对立面。流言蜚语不会让人们互相靠近，只会让他们关系越来越疏远。每个人都知道，爱嚼舌根的人不值得信任。"①

对于创业领导者而言，把非正式渠道"正式化"，或者按照利多的说法，"将一部分非正式组织并入正式的组织架构之中"②，是破解困境的有效手

---

① [美]戴夫·拉姆齐．创业领导力．高艳东译．北京：科学出版社，2012：190.

② [美]德里克·利多．创业领导力．龚阿玲译．北京：中国人民大学出版社，2017：174.

段。所谓非正式渠道“正式化”，就是指通过一定的策略，掌控非正式渠道，使其为创业领导者的意图服务。比方说，创业领导者即将推出一系列新的管理规定，又怕损害到某些追随者的利益引起纷争，于是通过非正式渠道先行传播，提前观察员工反应，并根据反应的情况对新规定做出调整后再正式公布。在文化塑造过程中，这样的方法同样适用。当企业中出现与主流文化明显相悖且颇具威胁的亚文化时，创业领导者一方面要加强正式渠道的宣传，壮大主流文化的声势；另一方面可以对某些忠诚度较高的员工授予特别使命，要求他们通过非正式渠道去积极影响其他员工。

王之珂的科技型创业公司新引进了一位技术副总，就因为该副总与王之珂的姓名就差一个字，员工们便议论纷纷，说王总任人唯亲。刚开始时，王之珂并未留意，认为员工的疑惑会随着时间消散，不用刻意回应。结果，一段时间后，王之珂发现员工士气明显低落，尤其是几位“元老”。他一打听，才知道，“任人唯亲”的亚文化已经取代了“能者居上”的主流文化。有两位“自恃功高”的员工已经打算离职了。王之珂急忙安排亲信利用非正式渠道反复做出澄清，甚至还为此曝光了一位“亲信”。同时，他在全体会议上强调了新任副总的高端技术背景。经过了相当长的一段时间，员工士气才得以恢复。

创业领导者需要注意的是，非正式渠道的“正式化”必须小心翼翼地、隐秘地进行。一旦追随者发现创业领导者的这些“小伎俩”，就有可能采用更加难以察觉的方式进行信息传递，甚至于伤害那些“亲信”。

二、价值共识与价值领导

价值是人们最常用、但又最容易混淆和最难理解的概念之一。从哲学上讲，“人类是一种追求价值、肯定价值，并且创造价值的动物。所谓‘价值’，如果是西方式的‘个人对有利于其行为抉择的因素所估量的程度’，则当他认为外界客体‘有价值’时，便会产生‘认同作用’，将客体援为自己的行为准则，或自我隶属于该客体，为之效劳，为之卖命。我国先哲也认为人生的一切努力，都是为了发展自己的性能，使力无不尽，然后心可得安，这种精神，谓之‘尽己’”①。文化与价值向来密不可分，二者之间的关系是：文化发展需要价值引领，否则就会缺乏方向，误入歧途。文化塑造体现价值共识，价值共识是文化形态变迁和深入人心的前提。没有价值共识，文化就没有核心，沦为空喊口号，追随者对文化入心必然持排斥态度，创业领导者也就无法凝心聚力。只有创业者实施价值领导，追随者才能实现价值共识，企业文化才能实现良性塑造。

价值共识的基础是认同，认同分为三个阶段：“认同的过程是一个由外到内、不断深化、不断强化的交易过程。从承认‘沟’的存在开始，先是寻找共同点，这是浅层次的、外在的、一般的沟通；然后是造成共鸣感，这是深层次的、内在的、双向的沟通；最后是实质性的沟通，即追求并强化认同感的沟通。就一般规律而言，寻求的共同点越多，得到的共鸣感也就越强；得到的共鸣感越强，则双方的认同感也就越强。”②价值共识必须是在三个阶段都完成之后才有可能实现。可以说，价值共识是价值认同的高级阶段或者完成阶段。

具体到创业领域。价值共识主要包括对企业使命愿景、商业理念、行为风格和创业领导者个人等方面的认同，这其中，最重要的是对创业领导者个人的认同。由于创业领导者组织内的重大影响力，初创企业内形成价值共识具有一定的优越性。对创业领导者个人的认同，主要包括两个方面：一是对创业领导者“过去”的认同。一般而言，追随者选择加入创业团队，其中的重要原因必然包括对可观察到的创业领导者的既有理念、品性和行为方式的认

---

① 曾仕强．中国管理哲学．北京：商务印书馆国际有限公司，2015：118—119.

② 刘峰．新领导观．北京：北京大学出版社，2011：99.

可。二是对创业领导者“未来”的认同。尽管创业领导者的“过去”成功地征服了追随者，但并不意味着他能够永远地赢得追随者。诚如前文所述，领导力不同于领导者的能力，它不是永恒的，既能够获得，又能够失去。在一定时期内，因为晕轮效应的存在，追随者会倾向于支持创业领导者，但是，当后者的行为发生改变以至于触及追随者的利益时，这种支持就变得不可靠了。

唐泗阳创立了一家互联网创业公司，致力于杀毒软件的研发和销售，其基本理念是“打造干净、安全的互联网环境”。先前，唐泗阳曾就职于某著名杀毒软件公司，一直秉承着“不作恶”的原则，因为对公司的某些“作恶”行为看不惯而离职创业。创业时，他从该公司直接带走了3名技术人员。这些技术人员高度认同唐泗阳的“不作恶”原则，相信其能够带领他们开辟新天地。为了支持老唐，他们承诺，在公司正式盈利之前，每个月仅支领基本生活费。然而，好景不长，由于巨大的营收压力，唐泗阳开始把杀毒软件获得的用户数据用于出售，并开发了无法卸载的浏览器插件。半年后，其中2名技术人员离职，并且断绝了与唐泗阳的私人交往。

创业领导者利用追随者的价值认同凝聚团队无可厚非，但是必须认识到，价值认同不是永恒的。随着创业领导者价值领导方式的转变，追随者的价值认同也会发生变化。在这一变化过程中，会有新的追随者加入，同样会有追随者离开。尽管这是正常现象，但仍然需要指出的是，创业领导者要谨慎地对待价值领导和价值共识，重视其在文化塑造过程中的作用，否则，失去的就可能不只是一两名追随者，还可能是一个团队甚至整个企业。

三、学习型团队

企业需要什么样的组织文化？回答可能是多种多样的：积极上进、团结和谐、互相尊重、质量优先等。对于初创企业而言，首要的是学习文化。本尼斯认为："组织的学习是组织获取并应用新知识、新工具、新行为方式核心价值观的过程。"①学习是初创企业存在和发展的重要动力。不会学习，企业就无法应对纷繁复杂的政治经济形势；不会学习，企业就会创新乏力、与市场脱节；不会学习，创业领导者和追随者就无法获得能力提升，造成本领恐慌。仅仅只从正式渠道号召塑造学习文化显然不可能取得良好效果，怎么办？唯一的办法就是将创业团队打造成学习型团队。

彼得·圣吉是学习型组织理论的集大成者，在他看来，学习能提升企业的"群体智力"和可持续发展能力。学习型组织需要进行五项修炼，即自我超越、改善心智模式、建立共同愿景、团体学习和系统思考。对于创业团队而言，这些修炼固然重要，但需要解决两个前置性问题：学什么？怎么学？关于学什么的问题，根据初创企业的特点，创业领导者要带领团队学习的内容就可以分为两个部分：一是专业能力，包括研发能力、实施能力、保障能力等，这是保证自身核心竞争力的关键；二是管理能力，包括市场、营销、生产、人力等方面的知识及运用。

关于怎么学的问题，创业领导者可以采用的办法有：(1)亲身示范，创业领导者普遍具有明显的一技之长，可以对追随者进行辅导和指导。"这种以身作则来培养组织学习的品质可能就是领导者最重要的职能之一……如果领导者被认为能够有效地从周围环境中学习，其他人就会仿效他的榜样。"②(2)集中培训，创业领导者可以组织开展定期和不定期培训，公司内部培训或是外部培训。(3)朋辈学习，创业领导者设计主题，组织召开团队内部讨论。(4)自主学习，创业领导者设计监督、奖惩制度，"包括补贴、表彰、对

---

① [美]沃伦·本尼斯，伯特·纳努斯．领导者．赵岑，徐琨译．杭州：浙江人民出版社，2016：168.

② [美]沃伦·本尼斯，伯特·纳努斯．领导者．赵岑，徐琨译．杭州：浙江人民出版社，2016：178.

资源分配的控制、晋升、令人垂涎的任务、支出报销、免除一些日常事务等”①，要求追随者完成相应的学习内容。(5)典型学习，创业领导者可以自己或委托某位追随者进行专题学习，完成后再向其他追随者传授。

刘涛是师范类大学的毕业生，抓住“大众创业、万众创新”的浪潮，开办了一家创业培训公司。他深知这个行业的规律：一是必须有渠道，即能够有组织购买培训；二是必须有出色的课程，这是核心竞争力。渠道好办，他有个副总是做营销出身，不到半年，就与许多高校混熟了，培训需求量很大。但是课程不好解决，需要组织力量研发。有两次，因为课程质量不好，高校意见很大。刘涛意识到，现在的顾客，越来越不好糊弄了，只有把公司打造成学习型团队，才能解决目前的窘境。他要求自己每周必须参加一次创业类的学术论坛，每个月参加一次系统的其他公司，尤其是中国台湾、中国香港和美国专家主讲的创业培训。他反复强调的理念是：不学习，就淘汰。给员工制订了如下计划：(1)每周举办一次主题沙龙，员工轮番主讲，内容必须是创业领域的前沿。每三个月进行一次评优，表现最好的员工给予5000元奖励。年底，将员工讲义装订成册。(2)每个月举行一次内训，内训主讲人必须是国内一流的创业研究专家和培训师。每位员工学完之后，必须撰写不少于3000字的心得体会。(3)选派两名中层管理人同到高校读MBA，公司出学费。(4)员工如果开发出一套质量高的课程，且被公司采纳，根据培训收益给予10%的分成。(5)与高校合作，选派公司员工参与高校创业教育的各个环节，定期作汇报。一个月之后，刘涛的公司已经“今非昔比”，成了真正的学习型组织，还酝酿出来两套课程。

① [美]沃伦·本尼斯，伯特·纳努斯．领导者．赵岑，徐琨译．杭州：浙江人民出版社，2016：179.

有的时候，尽管创业团队意识到学习的重要性及能力知识短板，但学习依然不容易开展。主要的原因在于，学习氛围的养成不是一朝一夕的事情。这就需要创业领导者率先垂范，带头学习，尤其是在组织培训活动时，尽可能给予重视。重视的方式包括：适当拨付经费、亲临现场、加强考勤、主动提问等。总而言之，只要创业领导者喜欢学习、善于学习、带头学习，学习型团队就一定能够建立起来，学习型文化就一定能够成功塑造。

四、灌输

文化是一种意识形态，只有入脑入心，才能对追随者产生现实影响。但是，诚如列宁所指出的那样，意识形态不可能自然而然被人接受，必须灌输。灌输并非容易之事，灌输意味着对他人世界观和价值观的重塑，俗语有云，要改变一个人的思想是天底下最难的事情。由于灌输带有一定的强制色彩，创业领导者必须做好遭到追随者抵抗的心理准备，有时甚至不得不准备好因为文化认同问题而放弃一些优秀人才。那么，运用什么样的灌输手段效果会好一些呢？

一种最常见且效果好的方式是浸泡法。所谓浸泡法，就是把创业领导者希望灌输给追随者的东西渗透到企业的方方面面，并进行短时间内的高强度重复。

脑白金的广告策略很简单，不依靠明星，也没有大制作，翻来覆去就只有一句标语“今年过节不收礼，收礼只收脑白金”。但是，这句标语会在相当短的时间内高强度地重复多遍。无论是否喜欢脑白金广告，人们一定会记住“脑白金”三个字。

创业领导者很可能没有闲余资金去聘请团队精心策划和传播组织文化，事实上也没有这个必要。创业领导者可以通过搭建平台，把追随者浸泡其中，从而实现文化重塑的目的。有的初创企业把文化灌输融合于早操制度之中，要求员工在早操时喊口号、做动作、立承诺；有的初创企业则把标语贴满了办公室，让员工“抬头不见低头见”；还有的初创企业把文化内涵编到歌曲，不仅教会员工唱、每天唱，还要求他们把手机铃声和彩铃设成该歌曲。不过，这些方式都属于间接灌输而非直接灌输，只能起到辅助作用。间接灌输不能取代直接灌输。

直接灌输是指创业领导者通过正式渠道对文化价值进行确认、宣讲、强调的过程。这里的正式渠道主要包括会议和深度辅导。凡属企业文化价值，即便久已有之、耳熟能详，创业领导者也必须通过全体会议及正式制度使其合法化。有时，追随者对企业文化理解不到位、实践有偏差，创业领导者就需要进行一对多，甚至一对一的深度辅导，直接告诉追随者文化塑造的根据和自身的意图，及时澄清、纠正误解。

张敏创办的公司一直力求塑造“上下齐心、协同努力做事业”的文化氛围。但是，有一名新员工，工作业绩不错，但总是我行我素。一年来，他始终无法融入创业团队，同事们经常背后嘀咕。张敏与他私下谈了三次，发现他主要把精力放在“做事业”上，不注重“上下齐心、共同努力”。原因是该员工在加入公司之前，一直就职于保险公司，于是他依照“习惯”，把“做事业”误解成了原单位的“抢业务、拿提成”，忽略了团队合作。经过张敏一个月的深度辅导，该员工基本能够适应新单位的文化氛围了。

如果按照科维的划分方法，文化塑造应该属于重要而不紧急的事情。许多创业领导者因为看不到文化塑造“立竿见影”的效果，不愿意花精力、投时间，更不愿意投入资金，结果，时间一长，组织内的歪风邪气就占了上风，直接影响到相关业务和公司的整体发展。此时，文化成为了重要而又紧急的事情，创业领导者却来不及扭转局面了，最后不得不痛下决心“壮士断腕”。

文化塑造是专门技能，需要一定的学习和实践，创业领导者不可不察。企业文化塑造博大精深。创业领导者提升文化塑造力的过程，也是自我思维水平、知识深度和广度提升的过程。杰出的创业领导者懂得文化的重要意义，更加懂得运用文化领导力推动企业发展。创业领导者在追求以文化人的同时，更要学会以文化己。

结语

提升创业领导力重在“三学”

SC创业领导力模型既能从学理上说明创业领导力的逻辑构成，又能从实践上指出创业领导力运用的方法与艺术，对提升初创企业的生存率和发展水平具有重要的现实意义。SC创业领导力模型的运用离不开“三学”。“三学”，又称三无漏学，包括“戒、定、慧”三种训练。“三学”最早来源于佛学，后经扬弃、调整后引入了领导学和管理学领域。“三学”是极高明的智慧，内容博大精深，创业领导者学习、运用SC创业领导力模型，必须以“三学”作为根本指导思想。创业领导者只有领悟、践行“三学”，才能把创业领导力提升到新的境界。

一、戒：提升创业领导力的前提

戒是指自律。康德认为，戒是否定性的，目的是帮助人们从欲望和激情的控制中解放出来，为人的下一个发展环节做好准备。对于创业领导者而言，戒包括戒任性、戒骄躁、戒自私三个层面。有的创业领导者认为，既然自己拥有了能够完全控制企业和雇员的权力，没有监督和约束，就可以随心所欲、恣意妄为。创业领导者对企业的发展方向、制度规范、产品服务和雇员薪酬等缺乏理性思考，仅仅凭着“拍脑袋决策、拍胸脯执行”的一腔热情实施管理，导致企业岌岌可危。有的创业领导者因为创立企业或是赚到“第一桶金”带来较高成就感，大有“老子天下第一”的派头，因而对市场估计过于乐观。为了尽快实现发展，创业领导者不惜采取偏激、冒险、短视甚至违法的行为，盲目扩张规模，导致资金链断裂。还有的创业领导者把企业完全当作个人财产，生怕被“外人”占了便宜。一味要求员工奉献时间和精力，却很少给予激励。从不与员工交流谈心，悉心指导，唯恐“商业秘密”外泄。做生意机关算尽，只重眼前利益，不顾长远合作，用单赢思维对待合作伙伴和顾客，结果导致了“内忧外患”的窘境。任性、骄躁、自私的创业领导者，对内无法获得认同，凝聚团队；对外很难赢得信任，长远发展。因此，领导者必须把“戒”字决摆在首位，多一些理性分析和思考，少一些情绪化；多一些谦虚谨慎，少一些骄傲焦躁；多一些分享激励共赢思维，少一些自私自利单赢思维。领导者“持戒”，追随者才会效仿，领导力才有了提升的前提，“定”才有可能。

二、定：提升创业领导力的途径

定是指坚定。“定”是肯定性的环节，为的是帮助人们形成良好的思维方式和锤炼意志品格。对于创业领导者而言，定包括定标、定位、定法和定心四个层面。目标能够指引方向、鼓舞人心、凝聚团队、协同上下。定标就是树立理想标杆，明确中心任务，而后“咬定青山不放松”。创业领导者的目标不能太大，太大了容易让人气馁；也不能太小，太小了容易让人松懈。理想标杆与现实水平相对应，只有立足现实，对照标杆，才能找出差距、有的放矢，从而迎头赶上。定位就是确认现实方位，全面了解自身的优势、劣势以及面临的机遇和挑战。创业领导者要打开视野，不仅要重点关注自身在行业内的方位，还要关注在产业内和在整个社会经济结构中的方位，避免管窥蠡测。改变现状、实现目标的关键在于制定、执行有效的策略。策略既要有刚性，讲科学，重程序，不能没有章法、乱了章法；又要有柔性，讲艺术，重灵活，不能少了权变、乱了权变。在创业初期，情况多变，创业领导者尤其要注意不能以原则性绑住灵活性，或是以灵活性戕了原则性。无论是定标、定位还是定法，都需要有“心”一以贯之。定心就是要意志坚定、从容淡定。创业维艰，充满了不确定性，注定了要付出极大的努力、应对各种突如其来的困难险阻。创业领导者制定了目标、定位了自身，找到了适合发展之路，剩下的就要依靠顽强的意志和从容的态度了。如果说定标、定位、定法都属于智商的范畴，那么定心就属于情商的范畴。按照哈佛大学心理学家丹尼尔·戈尔曼的说法，一个人的成功，智商只占20%，而情商占到80%。由此可见，提升创业领导力，定心是重中之重。“定”而后能生“慧”。

三、慧：提升创业领导力的动能

慧是指智慧。“慧”是“戒”和“定”的统一与升华。对于创业领导者而言，慧包括慧心、慧眼、慧行三个层面。慧心包括领悟力(也可以理解为聪颖)和反思力。创业领导者要在激烈的商业竞争中生存和发展，必须要能够了解竞争对手、分析市场规模、制定竞争策略、加强内部管理，反思得失荣辱。无论哪一个环节，都需要具有极强的领悟力和反思力。领悟力可以通过建构性学习获得提升，反思力可以通过哲学学习获得提升。但是，仅仅具有慧心还远远不够，创业领导者还必须具有慧眼。中国古语中有“慧眼识珠”和“慧眼识人”的说法，意思是只有慧眼，才能辨别好货、识别贤人，这不仅需要领悟力，还需要常年的经验积累和高水平的反思。创业首先要能够慧眼识项目，“有眼光”，创业项目选得好，事半功倍；其次要能够慧眼识团队，把具有不同才能、不同性格的人挑选出来，组成一个富有战斗力的团队。识人比识“珠”具有更加根本性的意义，因为“事在人为”。有了优秀的项目和团队，更为关键的问题是运用团队把项目运作起来，这就是慧行。慧行首先是领导者的自我管理。只有领导者能够把自己的人生之路走好，把自己激励起来，才能积极地影响追随者。慧行重在激励和凝聚，这是因为人是能动的因素，只有“尽人性”，才能“尽物性”。“尽人性”就是通过激励充分激发每个人的能力，“人尽其才”，形成团队合力；“尽物性”就是通过提升人的效能，获得最大利益，“物尽其用”。慧行是极高的领导艺术，要求领导者品行高尚、善于自律、智力超群、知人善任、处世圆通。创业领导者提升领导力要以慧行作为标杆。有了“慧”，创业领导者就能“无忧、无惑、无惧”。

戒、定、慧三者之间是次第关系。只有戒除了不良的品行、嗜好和习惯，才能做到真正的坚定。否则，越坚定，可能会造成越严重的后果。如果创业领导者没有戒除任性、骄躁和自私，那么他的定标、定位、定法和定心就一定会出现偏差，他在错误的道路上就会越行越远。同样的，只有“定”了，才能生“慧”。如果“标、位、法、心”都还没有定，那么作为领悟力和反思力的慧心从何说起？领悟什么？反思什么？更不用说慧眼识人、慧行云云了。正基于此，创业领导者提升领导力，绝不能仅仅满足于戒、定、慧的分别所指，更要关注三者之间的内在逻辑关系。需要指出的是，高明的创业领导者懂得运用联系、发展、全面的观点看问题，戒、定、慧虽然是次第关系，但并不是严格按照时间关系逐一发生的，而是遵循逻辑顺序。创业领导者在不同的人生阶段和企业成长阶段，戒、定、慧的内容和方式也会有所侧重。“三学”不是静态的，恰恰相反，它始终随着时间和条件在发生变化。

附录

高校创业实验室的建设与探索*

创业是创新成果转化、服务社会和人民群众的重要载体。联合国教科文组织在1999年的《21世纪的高等教育：展望与行动世界宣言》中指出："必须将创业技能和创业精神作为高等教育的基本目标。"[1]105 欧盟认为，"创业是所有人应该掌握的关键能力。无论青少年将来从事什么工作，学校的任务是帮助他们变得更加具有创造力和自信"。[2]99 习近平总书记、李克强总理等党和国家领导人多次强调创业之于国家发展、民族复兴的重要意义。教育部和各省市根据国家"大众创业，万众创新"的总体布局，出台了一系列指导性文件，要求高校整合资源，开辟第一课堂和第二课堂，积极开展创业教育。总体而言，高校创业工作的目标是帮助学生唤醒创业意识、培养创业精神、习得创业技能。高校创业实验室的建立，是传统创业工作体系的升级，是对时代需求的回应，具有重大的现实意义。

一、高校创业实验室的建设

（一）实验室的定位

"美国组约的哥伦比亚大学于2012年建立了创业实验室……哥伦比亚大学的创业实验室与中国大学实验室的区别在于，哥大的创业实验室服务于实际的创业，中国大学的创业实验室则采购了昂贵的软件系统，把虚拟创业变

---

* 本文发表于《实验技术与管理》。

成了大学里的一项固定课程。”[3]33 本文致力于讨论的高校创业实验室构建，总体定位是博采众长，促进创业产学研一体化，既要服务于实际的创业，又要满足高校唤醒创业意识、培养创业精神的需要。具体而言，一是创业实验室作为学校创业理念的落实平台，是一级工作实体，将学校提出的集创业教育、创业实训和实体孵化“三位一体”的创业工作理念具像化、现实化。二是作为创业过程的模拟平台。注重创业过程仿真模拟，让师生通过“创业实验”体验创业过程，习得创业技能，培养创业精神。三是作为特色创业的展示平台，立足校本，配合学校和专业特色，开展系列展示活动。四是作为创业工作聚合平台，致力于学校创业工作体系化、项目监控全程化和产出成果指标化。总而言之，创业实验室是新时期创业工作的升级模式。

（二）实验室建设的条件和技术

高校创业实验室的建立和维护所需要的硬件设施主要包括：占地 45 平方米的创业过程仿真模拟教室（最低限度）1 间、计算机 6 台（5 台学生机，1 台教师机）、专用方形课桌 5 张（具体规格参考所选用的仿真模拟物理沙盘盘面）、多媒体设备 1 套、教学用白板 1 套、无线投影网关 1 套、教学用电视机 1 台和路演录播系统 1 套。软件设施主要包括：企业经营管理沙盘 5—6 组、电子沙盘系统若干组（视授权情况而定，最低限度 6 组）。另外，可根据学校特色，配套相应的教学教具若干。如师范类特色院校侧重教育培训类创业，可选用 3D 打印机用于课程教具制作，学生掌握课程制作技术后，在开办教育类培训公司时可切实发挥效用。

（三）实验室的模块结构

高校创业实验室的模块结构至少应包括：牵头部门、职能部门、秘书处和学术委员会。一般而言，实验室可由创业学院牵头建立，对于尚未成立创业学院的高校，可以由就业创业部门牵头，团委、科技园和研究生院等机构共同组建。为维持实验室高效运转，可设置秘书处；为保证实验室建设质量，可设置学术委员会。另根据需要，可设置特色化、专业化的职能部门。

有条件的高校，还可以与院系、企业共建。例如湖北经济学院的“淘宝创业实验室总体框架是由湖北经济学院、经济学系、信息管理学院、实验教学中心和淘宝大学合作建立的电子商务人才培养基地，由信息管理学院和实验教学中心共同管理，多个院系提供专业支持。”[4]99 本文建议，高校创业实验室的专业部门应该至少包括以下模块：

(1)创业过程仿真模拟中心。创业过程仿真模拟中心负责全校学生的创业过程仿真模拟，目标是把“管理能力培养、创业能力培育结合起来，通过创业体验……管理科学学习等方式提升学生的综合素质”。[5]72 具体而言，中心主要承担四项工作：一是各级各类的创业大赛。创业大赛是创业过程仿真模拟的重要方式，通过商业计划书撰写、现场答辩等方式，能够帮助学生体验创业过程，养成系统思维的习惯。二是针对性的创业训练，培养学生某项专门的、必需的创业能力。一项来自日本的调查显示：“在对创业失败的原因分析中，认为客户市场的开拓、确保占 86.1%、经营知识和能力占 60.5%，融资能力占 37.2%。”[6]67 ERP 企业经营沙盘模拟侧重学生的市场开发能力、决策能力和财务能力的训练，金融沙盘则帮助学生熟悉融资投资过程，有力地解决了创业者能力短板。三是提升教师授课能力。路演录课系统能够全程跟踪教师授课状况，供教学组和授课教师还原授课现场，做出教学评估和诊断。四是创业过程配套。如依托社团组织活动，充分发挥朋辈辅导的作用，举办小型的创业工作坊，重点针对财务、法务、管理等方面的具体问题为学生答疑解惑。

(2)学生创业实训孵化基地。高校创业实验室除了具有创业教育功能之外，还应该切实帮扶学生创业项目落地生根。因此，应该建立学生创业实训孵化基地。基地负责为学生提供创业实践项目和初创企业发展帮扶，其基本条件为：一定面积的学生创业实训基地(最低限度为 100 平方米)和创业项目孵化基地(最低限度为 200 平方米)。在学生项目运营过程中，基地提供经费、场地等方面的支持，并进行管理和指导。对于学生创业实训而言，基地可以采用反向创业理念，依照严格的程序，通过竞标的方式面向全校学生遴选项目运营团队，通过路演等方式协助成熟项目注册和发展。校园中比较常见的创业实训项目包括书店项目、快递项目、咖啡厅项目等，但要严格监管。创业项目孵化基地要突出服务功能，包括工位租赁、办公条件保障和诸如财务、法务和管理等咨询服务。我们鼓励有条件的高校能够建造虚拟商业社会，为学生创业实训孵化创造良好条件："包括健全的法律体系、有效的扶持政策、良好的教育科技基础……鼓励冒险、宽容失败的人文环境。"[7]116

(3)创业教育与研究中心。高校创业实验室应成立创业教育与研究中心，专门负责创业课程教学与创业研究工作。一是要开发适合于国情和校情的创业教育体系，体系中应包括教师培训、教材编写和教学方法等方面的内容，这是因为，"实现创业教育理念的核心是提供实实在在的创业教学过程，其运作关键在于设计系统化的课程"。[8]80 有条件的高校应该开设"创业基础"必修课或者选修课，每期应至少容纳 30 名学生。为了增加创业氛围，上课地点可以选在创业过程仿真模拟教室进行。二是创业实验室应该结合教育教学实践，积极开展创业教材和教辅材料编写工作，以能公开出版为佳。教材编写和选用要具有国际化视野，"对国外一些已经很完善的创业教育理论教材，我们可以采取拿来主义"。[9]64 三是要开辟若干包括学生初创企业成长研究、学生创业项目孵化研究等在内的研究方向，争取设置设立专项基金支持开放课题研究，这有利于调动学校的人力资源并扩大实验室影响力。除此之外，"要重视产学研合作教育，并把产学研合作教育作为一项制度加以贯彻实施。"[10]18

(4)创业教师教育发展中心。高校创业实验室应该建设一支专兼职结合的创业教师队伍。教师来源包括创业工作主管部门教师、学工或教务系统创业工作主管教师、辅导员和专业教师等。需要指出的是，教师的数量和质量是创业实验室建设水平和运行水平的重要参数，应该给予重视。发达国家在这一领域做出了示范。例如，美国"百森学院有 35 名专职从事创业教育和研究的教师，共计开设33门课程。仁斯里尔理工大学有22名教师，开设了20门课程。伯克利学院从事创业教育的教师有20人，共计开设了23门课程。”[11]42创业教师教育发展中心应组织专业化培训，尤其是大学生创业政策培训、创业咨询技术培训和创业课程授课培训。为每位创业教师设定年培训量和工作量，同时，通过不定期开展集体备课等方式，加强教师之间的沟通交流。中心还可以提供路演录课系统应用，进行教学过程自诊断，如教态、语速、板书、学生状况等，帮助青年教师对教学过程进行自助监控，加快成长速度。最为关键的是，实验室要提供机会让创业教师直接或者间接参与创业，例如鼓励教师投资学生项目，或者创造条件让教师到科技园挂职。“很多美国大学商学院的教授曾经有过创业的经历，并担任过或现在仍然担任一些企业的外部董事。这使得他们对创业领域的实践发展趋势及创业教育社会需求变化有良好的洞察力”。[12]9通过培训和交流，实验室要基本建成一支学缘结构合理、年龄分布合理、具有较强专业能力的合格师资队伍。

总体而言，高校创业实验室应是一个理念超前、功能齐全、设备先进的综合性创业工作实体机构。有条件的高校可以尝试以创业实验室建设代替一般创业工作架构，即将创业工作分解为若干环节、若干部门，由创业实验室落实。需要指出的是，创业实验室应该建立严格的管理制度，包括机构设置、教学管理制度、科研管理制度和安全管理制度等。综合借鉴文科、工科和理科实验室的管理模式，总结制定出一套适合创业实验室管理的科学管理办法。

二、高校创业实验室的应用成效

高校创业实验室建成之后，成效显著。主要体现在三个方面，即有利于实现创业工作体系化，有利于促进创业实训平台升级，有利于对接创业实体孵化体系，具体而言：

(一)创业工作体系化

“目前各高校的创业教育主要局限于操作层面和技能层面，从而导致创业教育与专业教育和基础知识学习的脱节，似乎创业只是某种技能或技巧的掌握而已”。[13]13实际上，高校创业教育是创业理论与创业实践相统一的体系。一方面，创业教育要求具备知识基础，即应将创业相关的理论知识灌输到学生脑中。例如初级的财务管理知识、团队管理知识、公司常识等，这是创业教育的基础。我们强调创业教育以体验为主，但绝不是完全摒弃理论，而是要将理论采用鲜活的方式教授给学生。因此，创业实验室建设中，通过课程研发和科学研究，要求体现出理论的方面。另一方面，创业教育又不同于一般的理论教育。除了理论知识之外，创业教育更多地需要案例教学、商业游戏和现场体验予以配合。大部分环节都需要场地、仪器、教具等专业设施的支持。例如案例讨论需要专用课桌，风险投球游戏需要空旷场地，沙盘模拟需要电脑和物理盘面等。创业实验室的建立能够将创业理论与创业实践统一起来，在空间、设施等各个方面予以保障。

除此之外，创业实验室还有利于整个创业工作的整合。一般而言，创业工作牵涉招生就业处(创业课程、项目资助等)、团委(“挑战杯”、创业大赛等)、研究生院(研究生创业项目)、科技园(创业项目孵化)、教务处(创新与创业工作)等多个部门。各个部门创业工作的目标不同、方法不同，导致创业工作非体系化。如果依托创业实验室，则可以根据创业工作职能不同，分为创业过程仿真模拟中心、教育教学与科研中心、创业实体项目孵化基地、创业教师教育发展中心等多个机构，均隶属于创业实验室管理委员会管理，由实验室主任统一协调。创业实验室能够整合多部门资源，合理分配权力使用，从而使得整个创业工作体系化。

(二)促进创业实训平台升级

以往的创业工作中，实训通常缺乏高仿真性。这主要是因为一方面，由于创业工作不系统，实训投入分散，导致资源不集中，设备、理念不够先进。另一方面，行政机构主要处理行政事务，不擅长专业事务管理，也不应该投入过多资源和人力用于创业实训等工作。创业实验室是专业机构，不仅能够在实训的专业性上有所保证，还能够整合优势资源，在实训平台建设方面有所作为。例如ERP企业经营沙盘模拟是培养学生创业技能的最为有效的工具之一，它能够为学生提供决策训练、财务训练和沟通训练机会。但是国内高校中，基本上只有经管类学院作为专业教学工具进行装备。大部分高校的创业工作主管部门还停留在一般性的创业实训讲座或初级的创业课程阶段。究其原因，要装备ERP企业经营模拟沙盘需要专业性的思维，需要配套专门的教具和教室，因此需要有专业机构和专业教师组织设计。并且，即便是最低限度的装备水准也需要不菲的资金支持，最好能以专项建设基金的形式运行，有利于专款专用，不宜采用行政办公经费。按照现行体制，这种投入方式并不适宜由行政管理部门来主导。

创业实验室建设创业实训平台的优势在于，以专业机构从事专业性事务，突出强调“实验”即是对创业过程仿真模拟。例如在当前的创业实训项目中，校园书吧是最为常见的项目，一般而言，书吧是由学校投资、监督，由学生自主经营管理的典型“实验实体”。项目负责人需要组织运营团队，通过严格的竞标程序，从无到有建设“实体店”。在这一过程中，难点在于，创业团队没有经过系统训练，缺乏创业技能；运营过程中容易决策失误，导致创业失败；财务管理不规范，运营团队矛盾丛生，等等。创业实验室能够从创业培训、创业支持体系、创业指导等各个方面对创业实体实时监控，例如成立多部门联合管理委员会，对创业团队开展技能培训，包括提供信任力沟通沙盘和ERP企业经营模拟沙盘培训机会；书吧开始运行后，全面监控书吧初期建设和运营状况；除此以外，还可以配套财务、法务和管理等方面的支持服务。在这一过程中，运营团队既能充分发挥其主观能动性，又能够学习到创业过程中的必备技能、磨炼意志品格。

由此可见，创业实验室打通了从培训到实训的通道，能够最大限度地保障学生实训效果，从而促进了创业实训平台升级。

（三）对接创业实体孵化体系

创业工作的一项重要衡量指标是创业实体孵化水平。对于相当多的高校而言，创业学生的数量多寡和成功率具有较大的偶然性。这是因为创业主管部门将创业教育、创业工作和创业实体孵化等条块分割，举例而言，创业教育由创业就业部门甚至教务部门直接负责，创业实训基地建设委托团委代管，创业实体孵化则推到科技园等相关部门。创业实验室建设的目的之一则是要实现与创业实体孵化体系的无缝对接。

首先是创业教育对接创业实体孵化。学生创业团队首先经过一般性的创业教育实现创业启蒙，再通过专门化专业化的创业教育实现创业技能的获取。在创业实体的孵化过程中，学生能够印证创业教育中习得的创业技能，并能够逐渐形成自己的创业风格。创业教育与创业实体孵化之间就构成了“实践、认识、再实践、再认识”的过程，二者之间的良性关系就能够建立起来。其次是创业实训对接创业实体孵化。学校的创业实训项目中，不乏有能够进一步发展壮大，正式注册成为创业公司的项目，因此，实训与孵化之间的对接具有重要意义。创业实验室通过对实训项目的全程监控和指导，资助未注册项目，主要的目的之一就是遴选优质项目，促进项目孵化。如果说实体孵化是上战场打仗，那么实训就是实弹演习。再次是创业实体孵化体系建设。创业实验室整合多个部门资源，避免了创业教育和创业实践相脱节、两张皮的现象，极大地促进了创业实体孵化体系的建设：孵化前以创业教育和创业实训为主——孵化过程中注重监控和指导——孵化成功后帮助初创企业渡过前期难关，整个过程都在创业实验室中完成。实际上，如果从狭义层面讨论创业问题(即创办企业)的话，创业实体孵化体系应该兼容创业教育和创业实训。

例如，北京某文化传播有限公司是某高校创业实验室的典型“实验成果”。公司创始人及团队主要成员是是该校美术学院学生，受到创业实验室创业教育与研究中心开设的相关课程和培训影响，萌生创业想法，申请入驻学生创业实训孵化基地，围绕葫芦手工艺品的开发及推广开始创业。该公司三年来共开发生产各类葫芦手工艺产品十余种，包含老北京传统火绘、镂空雕刻、勒扎、押花、彩绘等工艺，并创新生产多款功能性葫芦器具。为了帮助公司创始人团队渡过初创企业难关，实验室积极帮助团队成功申报北京地区优秀创业团队，获得 10 万元资助。目前，公司在顺义生产基地设有 150 平方米葫芦工艺展厅，年产值近 300 万元。为充分发挥朋辈辅导效应，创业实验室积极邀请创业团队为大学生传授创业经验，并提供给创业教师教育发展中心作为集体备课“反向创业”典型案例使用。同时，创业教育与研究中心也将该案例运用于校级选修课“创业基础”中。这就是对接创业实体孵化体系后，创业实验室取得的优秀“实验成果”。

三、结语

高校创业实验室的建设是对传统创业工作在理念、体制、结构等方面的深刻变革。四大模块协同发展促进了创业工作的体系化、实训平台高端化和实体创孵合理化。创业实验室的建设在一定程度上标志着创业工作体系的基本成熟，极大地促进了校园创新创业文化的形成。创业实验室运行过程中，具有较高的教师参与度和学生参与度，孵化成果可喜，能够大幅提升创业工作的校内影响力和校际示范度。

参考文献：

[1]马彪，姚卫新．基于 Second Life 的虚拟创业实验室研究与实践[J]．南京财经大学学报，2013(5).

[2]徐小洲，梅伟惠．高校创业教育的战略选择：美国模式与欧盟模式[J]．高等教育研究，2010(6).

[3]何年．从创业实验室到标准化课程[J]．教育，2013(8).

[4]夏学平．创业实践平台的构建、运行与管理模式的探讨[J]．中国管理信息化，2013(23).

[5]吴伟，邹晓东，陈汉聪．德国创业型大学人才培养模式探析[J]．高教探索，2011(1).

[6]李志永．日本大学创业教育评述[J]．外国教育研究，2009(8).

[7] [美]罗伯特·D·希斯瑞克，[德]迭特迈·戈瑞克尼科．创业投资：德国和美国的比

较研究[J]. 吉林大学社会科学学报，2005(4).
[8]向东春，肖云龙．美国百森创业教育的特点及其启示[J]. 现代大学教育，2003(2).
[9]赵观石．美国、瑞典、印度三国大学生创业教育比较及启示[J]. 教育学术月刊，2009(5).
[10]赵淑梅．斯坦福大学的创业教育及其启示[J]. 现代教育科学，2004(6).
[11]房国忠，刘宏妍．美国大学生创业教育模式及其启示[J]. 外国教育研究，2006(12).
[12]张帆，张帷．美国大学创业教育发展及对中国的启示[J]. 中国人才，2003(8).
[13]衣俊卿．对高等学校开展创业教育的理性思考[J]. 中国高等教育，2002(10).

麦肯锡7S模型与高校创业实验室管理水平的提升*

随着我国经济社会的发展，“大众创业，万众创新”越来越凸显出其之于国家举足轻重的价值。大学生有知识、有能力、有积极性，是创业大军中的主力。如何帮助大学生唤醒创业意识、培养创业能力、锻造创业精神，是摆在广大高校面前亟待解决的问题。“国外大学，特别是美国一流大学已结合自身特色建成‘多元复合型’、‘学科辐射型’、‘创业引领型’和‘社会需求型’等综合性创新创业中心，为创新创业人才培养提供源源不断的动力。”[1]相形之下，一直以来，“我国高校创业教育的形式主要以课堂讲授为主，辅之以社会实践、企业实习、企业家讲座、创业计划大赛等第二课堂活动，仍然处于‘初级阶段’，尚没有形成系统、完善的创业教育理论与培训体系，也没有形成一套适合中国国情与教育发展现状的行之有效的工作方案。”[2]高校创业实验室以全新的实验室模式推动传统创业工作体系转型升级，实现“校内实训=创业实践”的目标要求，越来越受到高校的青睐。然而，高校创业实验室的建设与探索[3]依旧处于起步时期，相关的管理理论发展滞后，导致管理实践困难重重。本文试图通过引入麦肯锡的7S管理模型，解决高校创业实验室管理存在的“双重定位”难题，提升管理效能。

一、麦肯锡7S模型运用于提升高校创业实验室管理水平的可能性分析

（一）高校创业实验室管理存在的“双重定位”难题

高校创业实验室存在的诸多难题中，最根本的是“双重定位”。“双重定

---

* 本文发表于《实验室研究与探索》。

位”难题是指一方面，高校创业实验室的主要任务是实验，是仿照理工科实验室的理论假设、实验规范、操作流程等建立起来的。这就要求高校创业实验室必须按照理工科实验室那样有科学、严格的管理，必须要能实现三个标准化，即任务标准化、流程标准化和产出标准化。标准化意味着要有定量化、理性化的衡量方式和操控方式而不能仅仅是定性描述。比如享誉世界的德国波茨坦地学研究中心管理模式“具有机构定位明确、科研布局矩阵化、管理体制严谨、支撑网络强大、合作交流丰富、国际联盟多样化等特征和优势。”[4]另一方面，高校创业实验室毕竟不是化工、材料、机械等领域的实验室，而归属于创业领域，属于人文社会科学学科。“理工科的实验结果一般具有可复制性和稳定性，设备非常关键；文科的实验结果却呈现多样性、不确定性，资源比较重要。”[5]这就是说，创业虽然在内容上与各种各样的技术相关，并且相当大的一部分是理工科技术，然而其本质上更多的与管理、营销、财务等人文社会科学靠近。这样一来，高校创业实验室就进入了“双重定位”困境：既要有理工科实验室的标准化，又要有文科实验室的灵活性。如果不解决这一难题，高校创业实验室就可能变得“不伦不类”，导致管理效能的降低甚至无效。这就需要有一种管理模式，既能体现实验室管理的科学性，又能以其艺术性切实成为推动创业工作的好抓手。麦肯锡 7S 模型就是在这样的背景下引入的。

需要着重指出的是，对“双重定位”疑难的理解不能够极端化。以上对理工科实验室和文科实验室特征的判断，绝不是说两类实验室毫无相通之处，而仅仅是说，不同类型的实验室在管理方法上有不同的侧重。对于理工科实验室而言，虽然强调标准化，但同样需要艺术化的管理。而对于文科实验室而言，虽然强调灵活性，标准化的管理却也必不可少。事实上，同为实验室模式，两类实验室不乏共通之处，尤其是在管理方面。比如同样注重员工的学缘结构，同样在经费使用上强调制度。甚至可以说，两类实验室在管理方法上的共同点是主要的。

(二)麦肯锡的7S模型及其积极意义

麦肯锡的7S模型肇始于20世纪80年代，是通过对IBM、惠普和麦当劳等43家的模范企业深入访谈后，经过多位学者，尤其是汤姆·彼得斯和吉恩·贝内特等人反复论证提炼的成果。模型一经提出就大获成功，挽救了无数在低迷经济下苦苦挣扎的美国企业的信心。有鉴于此，“7S模型被西方发达国家的企业部门及政府机关应用于分析组织的变革和发展，成为诊断组织问题、变革组织机制、创新组织范式的有效工具”[6]。该模型进入中国后，同样很快赢得各类型企业的共识，一时成为各大咨询公司广泛采用的分析工具。所谓7S，是指企业组织的七个要素，包括：战略(strategy)、结构(structure)、制度(system)、人员(staff)、技能(skill)、风格(style)和共同的价值观(shared values)。因为这七个元素的英文单词都以s打头，故称为7S。其中，战略、结构和制度被称为硬元素，人员、技能、风格和共同的价值观被称为软元素。各元素之间的基本逻辑关系是：战略是组织的基础，代表着组织发展的终极目标，一切工作都以其为旨归。结构是组织的骨架，支撑着组织功能的实现。制度是组织的规则，保证组织的正常运转。人员是组织的基本单位，是组织活动的实际执行者。技能是组织发展的必要条件，是内部管理和外部关注的工具。风格是组织的活动偏向，是凝聚人心的重要力量。共同的价值观是组织的灵魂，贯穿于其他六大元素之中，是组织得以存在和发展的不竭动力。7S模型的成功得益于七大元素的协同，它提醒管理者既要注意到组织的七个部分，投入精力进行规整，又要注意运用系统思维，在各大元素之间形成张力。

尽管麦肯锡的7S模型最早运用于企业，但是在高校创业实验室管理中，我们同样可以借鉴。理由在于：从形式上看，虽然企业往往以营利为目的，高校创业实验是作为事业单位的高校的内部组成部分，在资金投入、产出结果等方面有较大差异，但是仍然可以进行企业与高校创业实验室的类比：二者同样是系统化的组织，都有战略目标、组织结构、制度规范，都需要进行人员管理、技能培训，也都有组织风格和共同的价值观，都有绩效诉求。从原理上看，“7S 模型中强调的是七个因素的和谐统一，强调硬、软件两部分的同等重要，尤其是对人的关注，特别有新意之处就是强调对人的因素的重视和可以量化评价操作性的研究。”[7]换言之，7S 模型中同时具有硬元素和软元素，同时强调标准化和艺术化的管理，不仅对解决企业问题有用，还能够解决高校创业实验室的“双重定位”疑难。从以上分析可知，将 7S 模型运用于提升高校创业实验室管理水平是可能的。

二、高校创业实验室的“硬元素”管理

（一）高校创业实验室的发展战略

“战略着眼于组织发展的全局，目的在于解决组织长期性、决定性和带有方向性的问题。”[8]在发展战略制定的过程中，一定要以战略管理的科学原理为依据。战略既不能太高，导致员工实现无望而沮丧；又不能太低，沦为一般性的目标而丧失指导意义。高校创业实验室的发展战略是，建成集创业教育研究、创业实习实训和创业实体孵化“三位一体”的实体机构，帮助更多的学生和教师成长为创业型人才。这一战略具有如下含义：一是专业性。高校创业实验室只关注大学生和大学教师创业，所有的教学、实训和孵化都必须围绕着这一中心任务进行。二是协同性。条块分割、各自为政是当前高校创业实验室管理水平低下的主要原因。教育、实训和孵化既有分别，又有联系，必须在实体环节中衔接起来，实现协同。三是前瞻性。战略是方向，是基础。这就要求高校创业实验室的创业理念、培训技术和帮助扶持要能够与时俱进，跟上潮流。高校创业实验室的其他六大元素，必须服务于发展战略。发展战略又必须分解为具体可行的目标，规定其他六大元素。需要指出的是，高校创业实验室的成功与否在一定意义上取决于领导，尤其是高层领导的重视程度。“高层领导的态度是决定教育机制的导航，需要以战略的高度，妥善采用多种方式实现培养目标，将创新创业教育纳入科技的前沿，拓宽教育的范畴，与区域经济发展共进步。”[9]唯其如此，创业实验室的发展才

有动力，才会走得远。

(二)高校创业实验室的组织结构

根据发展战略，高校创业实验室要设定自己的组织结构，以期实现预定功能。具体而言，从垂直管理的角度，高校创业实验室要设置管理层级，有领导机构、执行机构和辅助机构。从职能管理的角度，出于开展创业教育研究的需要，高校创业实验室要成立创业教育与研究中心，主责全校创业教育、教材编写、项目研究和第二课堂等方面的内容。出于创业实习实训的需要，高校创业实验室要成立创业过程仿真模拟中心和创业实践基地等相关机构，主责全校创业沙盘培训、创业教师教学过程模拟及诊断、学生反向创业等方面的内容。出于创业实体孵化的需要，高校创业实验室要与教育、实训对接，成立创业孵化基地，主责师生创业项目的遴选、扶持、资助，创业过程监控和创业咨询辅导等方面的内容。一般来讲，高校创业实验室基本应该包括这四大机构。当然，出于其他业务需要，创业实验室还可以根据实际情况创设或合并机构。成立机构不仅仅是一种形式，还要配套相关的资源，如仿真教室、师资、制度等，使其充分现实化和具体化。

(三)高校创业实验室的规章制度

任何组织机构要正常运转，都离不开强有力的规章制度。规章制度的层级不同，效力也就不同。从实验室整体考虑，要制定章程。从职能分工考虑，要制定各种各样的管理办法。章程毋须多言，这是实验室的“根本大法”，应该包括高校创业实验室的定位、目标、组织、结构等方面的内容。管理办法则必须根据不同的需要制定，但至少应该包括三类。第一类是学术管理办法。即实验室作为学术机构，应该设置学术委员会等类似的学术管理机构。学术管理应该突出学者治理，顺应学术规律，不应以行政命令的方式进行干预。第二类是物的管理办法。即实验室中的仪器、设备等的使用、租借、防损等方面。物的管理要严格、规范，本着节约原则，尽可能地延长仪器设备的使用寿命。第三类是操作程序的管理办法。即实验室中各类实验的操作流程。要求学生和教师在实验室中开展活动时，要严格按照教学要求合理操作，避免人身危险和物品损失。合理、规范、科学的制度能够大大减少人力和财力的投入，却能大幅提升管理效率。

在7S模型中，战略、结构和制度被称为硬元素，原因在于：三者并不因人的主观意志而发生变化，但是能够进行理性化和科学化操控，这正是理工科实验室的管理特征。战略一旦制定，所有中心工作都必须以服从战略为最高目的，任何人不得擅自更改。例如相关的讲座、课程，必须符合创业实验室的战略要求。同样的，结构和制度一旦确定，就必须严格执行。例如实验室人员的配置，经费的使用，仪器设备的操作等，都要按照标准化的方式进行，从而极大限度地减少例外情况的发生。这就保证了高校创业实验室的运行效率和效果。值得注意的是，大多数管理者都对硬元素给予了关注，但是却依然没有获得理想的组织绩效。这是因为管理者没有用平衡的、整合的方式追求7S，他们往往忽视了其他关乎绩效的决定性因素，即软元素。

三、高校创业实验室的"软元素"管理

(一)高校创业实验室的人员调配

高校创业实验室功能的实现离不开人员调配。然而，由于高校创业实验室处于初创时期，同一般的文科实验室一样，还存在许多人员管理问题，例如"管理模式多以校级管理或校院两级共同管理为主，管理人员多为教师或辅导员，管理经验丰富，对实验流程等相当熟悉，但懂技术的管理人才缺乏。"[10]因此，这里的人员调配包含两层含义：一是人员结构。依据高校创业实验室的战略布局，至少需要三类人员：教学科研人员、行政管理人员和校外导师。教学科研人员主要负责承担创业教学、科研、辅导和咨询工作，行政管理人员负责人、财、物的管理，校外导师主要对接企业、政府、孵化器等方面的资源并承担咨询任务。但这并不意味着三类员工互不相通，恰恰相反，他们都要对不同的业务有大致了解，这有利于他们从全局定位自身的工作内容。二是人力资源优化。人力资源优化是指通过人才引进、培训等方式

提升高校创业实验室的师资水平。其中最为关键性的环节是实现校内校外导师的双向互动，例如实验室教学科研人员到企业挂职锻炼，校外导师入校参与集体备课。人员调配重在制度建设，尤其是要出台一套人才引进、培养、晋升、评估和奖励制度，以期能够吸引人、留住人，人尽其才。需要注意的是，作为工作实体，高校创业实验室应该配备一部分专职工作人员，包括教师和管理人员。这是因为，一方面，没有专职工作人员的实体机构往往容易沦为纯粹的虚拟组织，很难发挥作用；另一方面，专职工作人员能够促进高校创业实验室实现专业化，并能提高工作实际水平。

（二）高校创业实验室的核心技能

高校创业实验室的核心技能取决于两个方面：一是战略发展要求。高校创业实验室致力于师生创业教育、实训和实体孵化工作，其核心功能也正在于此。职是之故，高校创业实验室应通过组建具有不同技能的科研和教学团队满足核心功能。比如，石家庄经济学院“创业虚拟仿真实验教学中心实验教学平台有创业认知、创业机会发现、创业机会识别、创业机会开发、企业经营管理、电子商务创业孵化等 9 个子系统。”[11]二是人员状况。技能以人员作为承担者。创业工作本身具有跨学科性质。“一个独立的创业研究领域应该是建立在其他学科的理论观点和研究方法的基础之上的，而相对成熟的学科领域也需要依靠对创业现象的研究作为其发展的突破和延伸。”[12]从实际需求看，创业教学和科研人员应该具有一定的创业学、教育学、管理学、市场营销、财务和经济学等方面的学科背景。这就要求创业实验室在组建教师团队时，要充分考虑到学缘和学历构成。一般来讲，高校创业实验室应该配备一部分博士学历工作人员，以提升科研层次。技能的获得和提升重在培训。培训应包括定期培训和专题培训。定期培训既能够及时解决人员的“本领不足”问题，还能够营造一种学习气氛。专题培训则主要针对一段时期内的工作，以解决特定问题为目的。高校创业实验室应通过建立一套完整的“终身学习”制度，不断促进人员技能水平的提升。

(三)高校创业实验室的文化风格

高校创业实验室作为一级组织，必然会形成自己的文化风格。从管理学的角度看，这种文化风格一般有两个来源，一是来源于正式组织。实验室及其管理机构会紧密围绕战略要求建构实事求是、积极向上、踏实敬业等与社会主义核心价值观、校园文化相一致的组织文化。二是来源于非正式组织。实验室有自己的人员构成，不同的人会有不同的工作习惯和做事风格。具有类似风格的人往往容易比较亲近，从而形成一种特定的影响力。这种影响力有时与组织文化相一致，推动组织目标的实现；有时与组织文化相抵牾，不利于甚至破坏组织目标的实现。在这个意义上可以说，高校创业实验室文化建设的重点在于正确引导非正式组织文化，使其为实现组织目标服务。高校创业实验室的文化风格中，至少应该包括科学精神、冒险精神和创新精神三个方面。“创业精神就是创新精神、冒险精神和科学精神的综合。我们推崇创新精神是因为它是经济发展和社会进步的根本推动力；我们鼓励冒险精神是为了激励人们开拓进取不畏失败，同时也提醒人们时刻保持着清醒的危机意识和提高化解风险的能力；我们强调科学精神是为了反对对创业活动的‘神秘主义’理解和提倡创业者科学实干的作风。”[13]创业实验室应该将文化寓于教学和管理，对师生形成潜移默化的影响。

(四)高校创业实验室的价值规范

“价值问题，用我们生活中的语言来讲就是‘好坏’问题……价值是指主客体之间的客观关系状态；价值观念是对这一客观状态的主观认识或表达。”[14]高校创业实验室作为专门机构，要增强凝聚力和向心力，必须有共同的价值规范。也就是说，教学、科研和管理人员要能够做到以创业服务为中心，精细、科学、真诚，以创业师生的需要为根本出发点，在创业工作中挑战自我、实现自我。共同价值具有同化作用和传承作用，对实验室的新老人员都具有强烈的感染力。构建共同价值关键在于示范和引领。管理者和老员工要率先身体力行，努力践行共同价值。例如对于普通员工而言，要认同价值观，首先就要认同管理者。因此，管理者要能够主动作为，关心员工，在管理方式上下功夫，获得员工的信任与支持。只有以此为基础，员工才能与管理者一道，在共同价值观的指引下，为实现组织目标而共同努力。共同价值是整个7S模型的灵魂，体现在所有元素之中。战略、结构和制度设计都要充分考虑创业实验室的价值取向，人员、技能和风格更是能够传递价值观念。共同价值如同一根线索，将其他六个元素关联起来。

人员、技能、风格和共同价值在7S模型中被称为软元素。原因在于，这四个元素都无法使用标准化和理性化的方式衡量，而只能通过艺术化的方式进行处理，具有一定的模糊性和不确定性。比如，人员需要激励，然而激励并不是一套僵死的程序，物质奖励虽然有效果但是未必能真正提高士气，领导关怀、目标认同等反倒有时能发挥更加明显的作用。技能需要人员承载、获得和发挥，培训效果和运用能力因人而异。人的性格多少有些随意性，因此非正式组织对不同事件的反应很难预测，以主流文化进行引导并不容易。同样的，每个人的价值取向不同，有的人虽然从事创业工作，但未必能真正用心用情，有时甚至离心离德。要求共同的价值规范虽然是提升组织战斗力的必要手段，但是如何团结不同价值取向的人需要高水平的管理艺术。软元素管理是文科实验室的典型特征，7S模型通过识别人员、技能、风格和共同价值四大元素，并提出相应的应对策略，有效解决了管理难题。

四、运用麦肯锡7S模型提升高校创业实验室管理水平的基本原则

（一）系统性原则

高校创业实验室的核心模块是创业过程仿真模拟，而“模拟仿真实验管理通常是对一个复杂实验项目全过程、全系统、全要素的综合管理，它以复杂系统科学、建模与仿真、现代管理技术等为基础，以提高模拟仿真实验质量和实验室人才培养能力为终极目标。”[15]麦肯锡的7S模型之所以有效，就在于其系统性思维。虽然形式上它将组织分解为七个元素，但是无时无刻不

在强调它们之间互相影响、互相依存的内在关系。高校创业实验室管理必须“软硬兼施”，首先是从战略、结构和制度方面立规矩，保证运行程序科学有效，保证产出水平。其次是从人员、技能、风格和价值方面进行软管理，激励员工心智，凝聚团队力量，增强实验室效能。所有元素的管理依据都源于战略，人员管理和技能培训离不开制度，正式结构和非正式组织相辅相成，刚性制度和柔性风格互相补充，诸如此类。只有系统性的思维，才能更加有效地发挥7S模型的效用。

（二）结果导向原则

高校创业实验室有自身的特定使命，因此，在整个设计、运行过程中，要始终以结果作为导向。也就是说，无论实验室建设的相关理论如何丰富，设计如何精巧，师资如何强大，最后都要体现在绩效中，包括创业教学评估、师生创业能力的提升水平、项目实体的孵化率、创业团队的工作质量等。尽管教育教学应该摒弃功利性，但是必要的绩效要求能够促进教育教学水平的提升。实施结果导向原则，就是要把评估和监督作为高校创业实验室功能中的重要一环。实验室应该根据评估结果，及时调整7S。有条件的高校，还应该引入第三方评估机制。

（三）柔隐原则

虽然高校创业实验室是“双重定位”，同时具有科学性和艺术性的管理特征。但是，理想的管理状态是柔隐化。所谓柔隐化，就是尽量淡化管理机构的作用，实现人员的自我管理。柔隐管理包括两层含义，一是制度化。良好的制度既能体现人的需求，又能“远离”人，从而实现公平公正公开。制度管理的效果有时要比人员管理好。二是管理机构要创造条件服务被管理者。管理机构创设情境，为员工提供自我管理的条件，从而把“领导要我干”转换为“我要干”和“我能干”。柔隐化之所以要淡化管理机构，是因为很少有人愿意“听命令”、“当下属”，如果能够将管理转变为制度和服务，员工就能更加充分发挥主观能动性而不逾矩。这就要求管理者要时时铭记，管理的最终目的实际上是实现高校创业实验室的自我管理，依托制度管理，依托员工自我管理，而不是动不动就加强管理。管理实践证明，柔隐管理能够带来更高的绩效和员工满意度。

五、麦肯锡 7S 模型应用于高校创业实验室的实效

首都师范大学是国内较早提出创业实验室概念、组建实体并采用麦肯锡 7S 模型进行管理的高校。多年来，依托麦肯锡 7S 模型，创业实验室制定了创业教育、实践实训和项目孵化“三位一体”的发展战略，先后成立了创业过程仿真模拟中心、创业教学与研究中心、创业实践实训中心和创业实体项目孵化扶助中心四大机构，配套了一系列人力资源、绩效管理、固定资产管理和教学科研等方面的制度。创业实验室设置 4 名专职工作人员负责日常行政事务，同时面向全校选聘了 26 位创业教育骨干教师、面向社会选聘了 24 位企业家和培训师作为校外创业导师，组建了一支专兼结合、学缘结构合理、技能互补和分工明确的师资队伍。创业实验室致力于构建以关爱学生成长、关心学生创业、关注教师发展为主旨的实验室文化，营造同心同德、追求卓越、创享未来的共同价值观。创业实验室成立以来，开设了“创业基础”校级公选课，开发了面向师范生的创·课教学模式，与院系合作开办创新创业管理辅修专业，举办高端精创论坛和国是论坛，发表了多篇有重要影响力的科研文章。与此同时，创业实验室还每年设置百余万元专项经费，支持学生创业和教师进修。正是以麦肯锡 7S 模型为管理架构，首都师范大学打造的高水平创业实验室工作模式成为了学校特色，取得了丰硕的创业教育成果，荣膺首批北京地区高校示范性创业中心。

六、结语

高校创业实验室是近年来出现的新鲜事物，由于缺乏理论基础和实践探索方面的学科支撑和经验内容，管理水平的提升面临“双重定位”难题。麦肯锡的 7S 模型提出了包括战略、结构、制度、人员、技能、风格和共同价值观七大元素的互联管理模型，强调系统思维、结果导向和柔隐原则，针对性地解决了“双重定位”难题。经过笔者所在高校创业实验室的实际运用，证明该模型能够全方位、大幅度提升管理效能。

参考文献:

[1] 田夏，顾婷，付宇卓．国外一流大学综合性创新创业中心建设经验与启示[J]．实验室研究与探索，2017(2).

[2] 方伟．中国大学生创业实训教学探索[J]．实验技术与管理，2013(2).

[3] 祝杨军．高校创业实验室的建设与探索[J]．实验技术与管理，2016(11).

[4] 刘文浩，郑军卫，赵纪东，等．德国 GFZ 国家实验室管理模式及其对我国的启示[J/OL]．世界科技研究与发展，http：//kns. cnki. net/kcms/detail/51. 1468. N. 20170302. 1535. 001. html.

[5] 赵红，李著成．高校文科实验室建设探讨[J]．实验室研究与探索，2011(3).

[6] 张立荣．当代中国政府治理范式变革探析——以麦肯锡 7S 系统思维模型为框架[J]．中国行政管理，2006(6).

[7] 冯婕，周艳玲，祝杨军．麦肯锡 7S 管理模型与领导艺术的提升[J]．化工管理，2005(5).

[8] 徐丽琍．麦肯锡 7S 模型在高校战略管理中的应用初探[J]．辽宁教育行政学院学报，2010(8).

[9] 米银俊，倪钢，张育广，等．依托区域优势的大学创新创业教育协同机制研究[J]．实验室研究与探索，2013(8).

[10] 李风芹，张祥丽．新常态下高校文科实验室管理创新探讨[J]．中国高校科技，2016(3).

[11] 初汉芳，朱燕空．创业虚拟仿真实验教学中心的实践与探索[J]．实验技术与管理，2014(12).

[12] 张健，姜彦福，林强．创业理论研究与发展动态[J]．经济学动态，2003(5).

[13] 林强，姜彦福，张健．创业理论及其架构分析[J]．经济研究，2001(9).

[14] 李德顺．关于价值与核心价值[J]．学术研究，2007(12).

[15] 孙青虎，张英，荣昶．模拟仿真实验管理模型建构及效能提升策略[J]．实验技术与管理，2015(10).

参与式教学法在“创业基础”课堂中的运用

——以“商业谈判”模块教学为例 *

2012年，教育部印发了《普通本科学校创业教育教学基本要求(试行)》，指出在普通高等学校开展创业教育的重要意义，强调要创造条件，把“创业基础”课程设置为必修课。教育部对高校创业教育提出了三点要求：一是以坚持教授创业知识为基础，帮助学生了解企业常识和相关创业理论；二是以锻炼创业能力为关键，通过项目实训和技能实训，能够做到学以致用；三是以培养创业精神为核心，把企业家精神融入创业全过程，增强学生冒险意识、担当意识、责任意识、拼搏意识和团队意识。由此可见，要实现“创业基础”课程的教学目的，必须灵活使用多种教学方法，比如理论讲授法、现场体验法和参与式教学法等。理论讲授法是传统的课堂教学法，优点是教师能够比较系统地展示学科知识点，缺点是学生只能单纯依靠课堂听讲，不能亲身体验。现场体验法的优点是通过现场教学，帮助学生通过亲身体验深刻理解所学知识，缺点是需要大量的外联资源，对教学时间和教学条件有较高要求。“参与式教学方法(Participatory Teaching Method) 自 20 世纪末引入中国后，取得了很好的教学效果，是指受教育者在明确的教学目标指导下，运用科学的方法，在开放、宽容、轻松的课堂环境中，积极主动且富有创造性地介入教学活动的每一个环节，从而接受教育、获取知识并发展能力的过程。”[1]60参与式教学法的优点是能够通过在课堂上设置模拟情境，要求学生完成角色扮演、心得分享和动手操练等环节，达到活跃课堂气氛、帮助学生

---

* 本文发表于《运城学院学报》。

学以致用和实现现场体验的目的。缺点是情景模拟真实度有限，课程设计和课堂把控难度较大，对教师要求高。应该说，各种教学法都有自身利弊。由于参与式教学法是“创业基础”课程中最常用、最有效的方法，操作难度也最大，本文以该课程中的“商业游戏”模块为例，系统展示参与式教学法的运用过程，以期抛砖引玉。

一、“商业谈判”模块教学中的困境

“商业谈判”模块是“创业基础”课程的重要组成部分，也是参与式教学适用的主要模块之一。然而，我们通过随堂听课和现场调研发现，并不是所有教师都能够胜任该模块教学。主要存在如下问题：

一是容易把实践性极强的“商业谈判”模块教学变成理论讲授。在“商业谈判”模块中，学生只有在教师的指导下，通过课堂模拟训练，亲身感受沟通过程与谈判过程，才能掌握商业谈判的基本技能。这是因为，从建构主义教学观看，“教学过程不是简单的由教师传递知识给学生的过程，而是在教师设置的情境中，学生在原有知识、经验、信念的基础上进行主动探索和交流的过程。”[2]6 然而，有的教师由于缺乏商业游戏的开发设计能力和课堂把控能力，只能以课堂讲授代替实践环节，把商业谈判技术变成一个个知识点，教条似的展示，结果将实践课变成了理论课，授课效果大打折扣。

二是游戏环节低幼化。现有的《创业基础》教材和培训大都较为重视参与式教学，因此在“商业谈判”教学模块中通常也会设计一些游戏环节。现实中比较普遍的情况是，尽管许多教师都意识到了该模块教学的实践性要求，也试图使用一些商业游戏作为补充，然而游戏环节却显得十分低幼化。比如把“盲人跳舞”这类心理学中建立信任感的初级游戏放到“商业谈判”模块中，就显得不合时宜。出现这种情况的原因在于：一方面，我国的创业教育人才培养体系不健全，相关人才缺乏，水平不高，不能够研发设计较为合适的商业游戏；另一方面，有的学校创业师资教学能力不足，不能有效掌握和运用较为复杂的商业游戏。

三是互动设计与教学目的脱节。课堂互动环节的设计和实施必须紧密围绕教学目的展开，这就需要环节设计者和创业教师对整个创业教育体系深入了解，尤其是要熟悉“商业谈判”模块的教学目的、教学重点和教学难点。要做到游戏设计与教学目的的高度一致，具有较大难度。比如有的教师简单地用幻灯片展示一个谈判案例，要求学生进行讨论并分享。然而，在这种情况下，学生参与讨论的程度非常有限。一方面，有的学生会借机“开小差”；另一方面，由于讨论的自由度太大，并且案例教学具有间接性，学生很难有新的思想火花产生。这样的互动设计无法实现“商业谈判”模块的教学目的。

从以上分析可知，“商业谈判”模块教学的成功取决于系统思维、精心设计，对教师的课程研发能力和教学能力都有一定要求。那么，究竟应该如何设计参与式教学环节？又应该如何驾驭课堂教学呢？我们以“商业谈判游戏”的设计与教学为例进行说明。

二、商业谈判游戏的设计原理及示例

商业谈判游戏是“商业谈判”模块教学中的核心环节。教师运用谈判游戏，能够调动学生参与积极性，帮助学生了解商业谈判的本质，体验谈判过程，学会基本的沟通、协商、妥协技术，从而实现教学目的。谈判游戏的教学重点是帮助学生学会商业谈判的策略，并能够简单运用。教学难点是帮助学生掌握商业谈判的艺术。因此，谈判游戏的设计必须要以教学目的为鹄的，体现教学重点和教学难点。更为重要的是，从游戏形式上要能够激发学生的参与热情和思考力。根据以上认识，可以选择无领导小组讨论作为基本的游戏形式。

“无领导小组讨论(Leaderless Group Discussion，以下简称 LGD)是指运用松散型群体讨论的形式，快速诱发人的特定行为，并通过对这些行为的定性描述、定量分析以及人际比较，来判断被评价者个性特征的人事评价方法。”[3]46 无领导小组讨论最大的特点就在于能够形成竞争氛围，使学生迅速集中精力，进入参与状态。比如学生既要考虑小组讨论目标，即最终方案的达成，又要考虑自身利益最大化和观察团成员期许，会尽力思考和表现。在博弈的过程中，每个成员都会暴露自己的优势和劣势，这就为教师点评分析留下了余地。同时，由于成员在谈判游戏中，基本都没有任何谈判技术基础，谈判中暴露的问题就成了教师知识传授的切入点。在游戏情境的设计中，要注意谈判心理的暗示，主要目的是调动起谈判成员的积极性。

示例如下：

商业谈判游戏

模块设计	游戏内容	设计原理说明
游戏背景	投资人手上有100万资金，要投向5家公司。但是投资人规定：只有5家公司一致达成资金分配协议，才能获得投资。否则，任何一家公司都不能获得投资。5家公司决定进行商业谈判，以决定资金分配方式。5家公司都组建了谈判团队，并且要求谈判结果不得低于公司规定的底价，否则谈判团队将被逐出公司。为了鼓励谈判团队能尽量多的争取投资，5家公司都规定，如果能争取到高于底价20%以上的投资，谈判团队将得到超出底价部分金额的30%作为奖励；如果能够争取到最佳投资额度，谈判团队将得到额外1万元的奖励。	背景设计是谈判游戏的前提。好的背景设计不仅要求合情合理，还必须引人入胜。最为重要的是，要体现教学目的。体现“商业谈判”模块教学目的的最好方式就是模拟商业谈判。
角色模拟	(1)模拟情境一：你们是一家专注于聋哑儿童交流技能的培训公司。业务正处于上升期，急需资金支持，不能低于22万，最好是30万以上。这样更多的聋哑儿童就能有机会获得更低价格的培训。 (2)模拟情境二：你们是一家以正宗老北京菜为主打的餐饮公司。你们希望全国乃至全世界的人都能吃上正宗老北京菜。你们急需不少于15万的资金支持。如果能争取到25万的投资，你们就可以拓展一项新业务，盈利很可观。 (3)模拟情境三：你们是一家考研机构，刚刚起步，需要不少于10万元的资金进行课程研发。	模拟情境可以设置多个，这里以5个为例。需要注意的是：(1)模拟情境要给出具体要求，如谈判的低价。(2)出于调动学生积极性的需要，还应给出谈判心理暗示，如给出理想的谈判价格。(3)谈判价格的设定应该与模拟的行业角色大体一致。即部分行业需要的投资金额较高，而部分行业则较低。(4)设计情节时既要合理，又要给谈判

续表

模块设计	游戏内容	设计原理说明
	但是，董事会希望谈判团队能够争取到 30 万元的投资，因为这样能够很快打败竞争对手。 (4)模拟情境四：你们是一家纺织厂。由于淘汰落后产能的需要，必须筹措不低于 31 万元的资金购买生产设备。如果能获得 50 万元的投资，厂里将考虑建立一个困难职工帮扶基金。 (5)模拟情境五：你们是一家超市。最近商品积压严重，资金链快要断裂了，急需不少于 17 万元周转资金。如果能争取到 20 万，超市就能更快速的发展。	者留下一定的想象空间。比如要给出为什么要求谈判团队要争取的是理想额度而不是底价的原因。避免谈判团队不合逻辑的随意发挥。
流程安排	每家公司有 10 分钟内部商议谈判方案的时间，30 分钟谈判的时间。每个公司有一个谈判代表，第一轮谈判结束后可以更换。在谈判期间，团队成员务必保持沉默，和谈判代表之间只能用微信群或 QQ 群等联系，直到谈判结束。正式谈判共两轮，第一轮 15 分钟。结束后，休战 5 分钟，确定新的谈判代表。第二轮谈判开始，持续时间为 10 分钟。	流程安排是为了控制游戏节奏。(1)10 分钟的内部商议时间既要保证谈判团队的准备时间，又要保证不让学生过度放松。(2)中间休战 5 分钟的理由是要打乱之前的谈判节奏，让学生适应多轮谈判的方式。(3)要求其他学生噤声一方面是保证谈判现场秩序，另一方面则是营造正式谈判氛围。(4)使用微信群或 QQ 群联系主要是为了让学生感受到团队的力量及谈判的私密性。

三、商业谈判游戏的课堂运用示范

商业谈判游戏设计完毕之后，必须在课堂中进行运用。一般来讲，商业谈判游戏课堂应包括五个环节，即：课堂准备、节奏控制、学生分享、教师讲解和教师总结。商业谈判游戏建议 2 课时完成。

1. 课堂准备

课堂准备是指在商业谈判游戏正式开始以前进行的准备工作。首先，教师应视教室条件和学生人数，将学生进行分组。一般情况下，学生分为5—11组为宜，组数越多，谈判难度越大。本示范将学生分为5组，每组5人，共25人。分组方式可以采用多种方法，出于游戏效果考虑，尽量将彼此较为熟悉的学生打乱分组。其次，要求每组学生都建立团队微信群或QQ群等，以便于在正式谈判过程中成员进行私下沟通。再次，将游戏情境和5个角色模拟分别装入信封，各组派代表抽取情境进行角色扮演。课堂准备工作不宜占用太多时间。

2. 节奏控制

节奏控制是指在商业谈判游戏正式开始之后对各个流程和环节的时间、秩序等进行控制。我们建议采用“五步控制法”，即准备、开始、一轮、二轮和总结。第一步，教师宣布商业谈判游戏正式开始，各小组根据抽取到的情境讨论谈判方案，时间为10分钟。教师到各小组查看情况，接受非技术性咨询，督促学生积极讨论；第二步，教师宣布方案制定完毕，全体噤声。要求每组派1名谈判代表进行谈判。再次强调，谈判过程中各小组成员不允许语音交流，但是可以用微信群或QQ群等进行交流；第三步，教师宣布第一轮正式谈判开始。谈判进行过程中，教师不干扰谈判过程，主要是维持现场秩序。第一轮谈判15分钟，结束后，教师宣布休战5分钟，要求谈判代表回到各自小组，可以进行语音交流，可以替换谈判代表。休战期间，教师到各小组查看，接受非技术性咨询；第四步，教师宣布第二轮正式谈判开始。时间为10分钟，基本技术要领与第一轮谈判相同；第五步，教师宣布正式谈判结束。教师在白板上板书各小组的主营业务、首次出价、末次出价以及低价。

3. 学生分享

学生分享是指由参与商业谈判游戏的学生、观察团成员（除谈判代表之外的学生均为观察团成员）分享谈判经历和启示。谈判代表和观察团成员代表不同的角度，都需要进行分享。学生分享时应注意同时兼顾结构化分享及非结构化分享。结构化分享即学生按照教师的提问回答问题，如你认为商业谈判中最重要的能力是什么？你认为商业谈判取得成功的关键在于什么？等等。结构化分享的好处在于具有一定的逻辑性和系统性，便于启发学生思考。非结构化分享即学生畅谈谈判经历和启示，其优点在于能够发现一些思想火花，并了解学生的谈判心理。一般来讲，非结构化分享优先进行，结构化分享可以结合非结构化分享的内容展开，可以作为追问环节。学生分享环节需要注意的是，教师或者助教(可以是课堂里的学生)要及时板书发言要点，这一方面是体现对各个发言人的尊重，另一方面有利于教师归纳总结。

4. 教师讲解

教师讲解是指教师根据商业谈判游戏开展的情况进行归纳总结，并在此基础上进行知识点梳理和技能剖析的过程。教师讲解的主要环节和内容包括：

一是教师简要概括学生分享要点，尽量与自身所要讲授的内容进行关联和解释。在概括时，要多使用鼓励性语言。主要原因在于，这些要点都是学生感悟的结果，轻易否定会极大挫伤学生积极性，导致其他模块教学时学生参与热情不高。

二是教师要进行概念简释。在这一环节，教师要对一些基本概念进行解释，并指出理解要点。比如，关于商业谈判的概念，教师应作以下讲解：商业谈判是指“不同的经济实体各方为了自身的经济利益和满足对方的需要，以价值谈判为核心，通过沟通、协商、妥协、合作、策略等各种方式，协调彼此之间的商务关系，满足各自的商务需求，通过协商对话以争取达成某项商务交易或把可能的商机确定下来的活动过程。”[4]150 理解这一概念需要注意的是：(1)商业谈判要兼顾自身利益和对方利益，要用共赢思维而绝不是零和博弈思维；(2)价值谈判不仅仅是价格谈判，还包括品质、服务等其他方面；(3)商业谈判的关键在于真诚的态度和有效的策略。

三是教师要对商业谈判游戏案例进行拆解分析。

首先，明确商业谈判游戏的目的，即谈判各方达成一致，获得100万投资。教师需要强调指出，尽管谈判目的很明确，但是在谈判过程中，目的也是最容易被遗忘的。谈判失败的第一个常见原因就在于谈判各方只顾及自己的利益，忘记了只有各方达成一致才能获得投资，即忘记了最终目的。

其次，教师要指出商业谈判的基本假设是每个公司都必然追求利益最大化，由于谈判各方是理性的，因此不可能存在超额回报。谈判失败的第二个常见原因是谈判各方试图追求超额回报，即超出底价50%甚至几倍的报价，导致谈判破裂。在该游戏中，谈判各方的底价总和为95万，只有5万的争取空间，没有超额回报的存在。只要有任何一方试图追求超额回报，谈判就会失败。这与真实的谈判过程是一致的。

再次，教师要指出商业谈判的难点，即谈判代表要与各方建立互信关系，并尽可能地为己方争取利益。一般来说，在涉及利益关系的竞争时，要建立互信关系是非常困难的。不能建立互信关系，是谈判失败的第三个常见原因。因此，谈判绝不能仅仅只是谈价格，还要谈愿景、价值、服务等。在本次商业谈判中，共同的愿景，即获取100万投资的共赢思维是谈判各方建立互信的关键。一旦某个谈判代表按照接近于底价的价格报价，并反复强调共同愿景，从而成功取得他人的信任，谈判就有可能获得成功。

又次，教师要指出商业谈判的要点，即谈判要讲求策略与艺术。从总体上看，商业谈判既要"真心实意"、"防止被骗"，又要学会"软硬兼施"、"方圆兼顾"。强调妥协不是非理性的退让，而是战略性的理性设计，团队作战要注意发挥每个成员的积极性作用等。谈判策略与艺术掌握不足，是谈判失败的第四个常见原因。在本次商业谈判中，谈判代表一定要表示出诚意，尽快与彼此建立互信关系。表示诚意的方式有很多种，例如首次报价不应太高、多次出价不应起伏过大等。妥协是一种战略，不能拍脑袋决策，要精密计算，比如可以以3千为单位调整价格，既体现诚意，又能够一步一步扩大自身利益。团队在谈判中也应该起到出主意、查信息等相关作用，决不能让谈判代表孤军奋战。除此之外，教师也可以引用一些经典谈判策略作为知识扩展，比如“在罗杰·费希尔和威廉·尤里在《谈判力》一书中，为双赢谈判者介绍了四种策略：(1)人：把人和事分开；(2)利益：着眼于利益，而不是立场；(3)选择：为共同利益创造选择方案；(4)标准：坚持使用客观标准。”[5]112

最后，教师还要指出商业谈判的常见陷阱，如首因效应、晕轮效应和从众效应等。不能避免商业谈判的陷阱，是导致谈判失败的第五个常见原因。首因效应是指因为第一印象而对后续事件产生影响的心理学反应，比如有的谈判代表因为某个人穿着比较朴素，就倾向于相信其所言所为，导致被骗。晕轮效应是指因为对某个体某一方面的肯定，而认为该个体在其他方面也是值得肯定的，比如有的谈判代表口才出众，因此被认为在理性化、交往能力、谈判能力和计算能力等方面也是出众的。从众效应是指个体丧失了自我判断的立场，而被他人立场所引导并做出相应行为，比如有的谈判代表在多方谈判时自觉倾向于采纳某个获得较多代表支持的立场。在本次谈判游戏中，由于学生大都没有谈判的专业基础，更是容易进入谈判陷阱之中。

5. 教师总结

教师在全部授课完成之后，应该进行总结以加深学生学习印象。总结的内容主要包括：“商业谈判”模块教学的目的、谈判失败的主要原因、谈判策略与谈判艺术等方面的内容。教师可以给出若干课后思考案例和进一步阅读的书目。

四、结语

参与式教学法是“创业基础”课程的主要教学方法之一，其要点是：(1)教师要掌握参与式教学法的操作过程及适用范围；(2)教师要具备一定的研发能力，能够根据教学目的和内容设计互动环节；(3)教师要能够驾驭课堂，控制教学节奏；(4)教师要能够及时在教学过程中给出反馈，并指出相关知识点和实操技能。参与式教学法适用范围广，能够激发教师的创造力和学生的积极主动性，教学效果好，值得进一步提倡和推广。

参考文献：

[1] 施永川．创业教育课程团队合作参与式教学方法的探索与实践[J]．浙江青年专修学院学报，2013(1).

[2] 陈健，柯纯．大学生创业课程建设的实证研究[J]．铜陵职业技术学院学报，2015(4).

[3] 张宁俊，陈娟．无领导小组讨论的准备与设计策略[J]．中国劳动，2014(5).

[4] 贺小格，凌文辁．商业谈判技巧整合：组织行为系统观[J]．中国商贸，2013(28).

[5] 帕梅拉·迈耶．商业谈判：让谎言走开[J]．北大商业评论，2013(1).

“四大模块”为高校创业教育打开突破口*

发达国家的发展历程表明，培养创业者是经济社会进步的必然趋势。传统产业的发展有极限，需要创业者不断开辟新的经济增长点。只有经济发展了，才能推动上层建筑变革，才能总体上促进社会进步和提升人们的生活水平。李克强总理多次强调“大众创业、万众创新”的新常态下的经济驱动模式，正是站在历史的高度，把握时代潮流和社会发展规律，探求国家发展之大计。国务院办公厅《关于做好2014年全国普通高等学校毕业生就业创业工作的通知》(国办发〔2014〕22号)，教育部《关于做好2015年全国普通高等学校毕业生就业创业工作的通知》(教学〔2014〕15号)等文件的出台表明，国家高度重视创业教育，并将其视作提高人才培养质量和解决大学生就业问题的核心方式。教育部《普通本科学校创业教育教学基本要求(试行)》中规定：普通高等学校创业教育教学内容以教授创业知识为基础，以锻炼创业能力为关键，以培养创业精神为核心，为高校开展创业教育指明了方向。然而，高校创业教育却存在着教育内容体系不成熟、教学方法滞后、师资缺乏等诸多问题，与当前的国家和社会需求不相适应。基于此，我们认为，以理论讲授(Theory Teaching Module)、案例教学(Case Teaching Module)、商业游戏(Business Game Module)和现场体验(Live Experience Module)四大核心模块构建的新时期高校创业教育体系(又称为“4M”创业教育体系)将在这方面打开突破口。

一、以理论讲授贯穿创业教育始终

理论讲授的主要功能在于创业理论知识点的传授。有人认为创业是实践

* 本文发表于《中国就业》。

性的，因此相应的教育体系应以操作性的环节，例如游戏、体验等为主要内容，甚至只需要实践不需要理论。实际上，理论对于实践具有十分重要的指导意义，脱离了理论的实践不过是狭隘的经验主义。例如关于企业知识的习得，经过理论讲授可以帮助学生尽快掌握，而实践方式则未必适用；例如风险管理，理论讲授能够让学生迅速获得相关知识，包括风险的特征、管理的策略等，如果仅仅依靠实践教学，学生容易陷入游戏中而无法获得系统性的认知。因此，首先通过理论讲授的方式点出知识要义，有利于学生从整体上掌握创业的基础理论。并且，高校是理论人才的聚集地，有做好理论讲授的条件，这个优势应该发挥而绝不是削弱。

二、以案例教学打通学以致用困难瓶颈

案例教学的主要功能是实现理论知识的实践运用。案例是现实的缩影，具有理想化、简单化、抽象化和规范化等特征，是创业课堂训练的重要工具。例如在讲授风险与企业的关系、风险管理的策略时，可以加多宝和王老吉之争为例。加多宝失去“王老吉”的商标权之后，面临着市场崩塌的巨大风险。但是加多宝采用广告、冠名、法律等多种手段实施“去王老吉化”战略，取得了巨大的成功。案例中涉及市场营销、品牌管理、风险控制、公共关系等方方面面的丰富知识。学生通过对案例的分析和思考，既有“听故事”般的愉快体验，又能够在课堂上热烈讨论。教师则在最后环节总结升华，重新点出风险管理的相关知识。通过案例教学，学生可以巩固所学知识、锻炼分析能力、接触现实商战，课堂气氛活跃，有利于教师充分发挥主观能动性。

三、以商业游戏体验企业经营过程

商业游戏的主要功能是模拟企业经营过程中的不同环节。有一些知识点，仅仅通过理论讲授和案例分析还不够直观。还以风险管理为例。风险和收益的关系通常被概括为“高收益意味着高风险，高风险未必能带来高收益”。学生对二者的理解仅限于能熟练地记诵这一“教条”。尽管案例教学可以帮助学生深入体会，但毕竟不是切身体验，这个时候就可以引入商业游

戏，例如投球游戏、企业经营沙盘等。这些游戏通过设置一定的情景，将学生带入其中，学生在参与的过程中既感觉到乐趣，又能获得知识能力的提升。比如在沙盘教学中，学生组成团队模拟公司运营，自主决策、自负盈亏，但是由于开始时缺乏经验和战略性，学生运营举步维艰，但是通过摸索，慢慢地便会总结出经验，从而合理掌控风险，将公司引入正常轨道。商业游戏结束后，教师根据游戏进展有的放矢地进行点评，学生在亲身体验的同时理解了游戏的意义。

四、以现场体验加深学生现实印象

现场体验的主要功能是弥合课堂教育与商业现实之间的鸿沟。无论是理论讲授、案例教学或商业游戏，都是在课堂环境中进行，具有虚拟化、理想化的成分。由于学生尚未真正接触到真实的商业环境，可能会对创业教育的现实效果产生怀疑。现场体验就是让学生走出象牙塔，到企业中去，感受真实的企业运营过程。例如学生到科技园，可以体验到企业从无到有的创立过程，或是企业因各种原因导致的经营困境以至于破产。同时，学生还能感受到创业者的热情与艰辛，直接从他们身上看到创业经历。学生通过观察企业决策过程，如列席董事会，能够感知企业经营的关注重点、团队决策的利弊等，学习创业团队建设、决策技术等方面的内容。通过教师的现场教学，学生能够在课堂教育与商业现实中寻找到契合点，从而深刻领会创业教育的重要意义。

需要指出的是，创业教育的四大模块彼此之间并不是孤立的，而是一个相互依赖、相互影响的整体。理论讲授是贯穿整个创业教育体系的灵魂，通过理论讲授，学生能够掌握创业教育的基础知识，是其他环节的前提。无论是商业游戏、案例教学和现场体验，都要把理论知识的习得作为基础。四个板块共同服务于创业技能的训练和创业精神的培养，缺少任何一个板块，学生的知识、能力和价值观都可能会出现缺陷。因此，创业教育必须是体系化的。同时，四大板块组成的体系又不是僵死的，而是开放的，即可以进行后续发展。教师根据运用于具体创业知识技能的培训和根据教育对象的不同都可以对四大模块进行扩张缩减及权重确定。例如在现场诊断式教学中，为了培养学生的观察能力，就不要首先进行理论讲授，否则容易影响学生进行独立判断，模型中的理论讲授与现场体验就呈现出反向而行的分离关系，因此理论讲授应该放在最后阶段。实践证明，只要在创业教育过程中全面理解、妥善运用四大模块并厘清四者之间的关系，即掌握 4M 创业教育体系，就能够在创业师资培训、创业基础课程等方面取得实质性的效果。

参考文献

[1] [美]戴夫·拉姆齐．创业领导力[M]．高艳东译．北京：科学出版社，2012.

[2] [美]德里克·利多．创业领导力[M]．龚阿玲译．北京：中国人民大学出版社，2017.

[3] [荷]曼弗雷德·凯茨·德·弗里斯．领导力与职业生涯反思[M]．丁丹译．北京：东方出版社，2016.

[4] [荷]曼弗雷德·凯茨·德·弗里斯．正念领导力[M]．钱峰译．北京：东方出版社，2016.

[5] [美]埃德加·沙因．组织文化与领导力[M]．章凯，罗文豪，朱超威等译．北京：中国人民大学出版社，2014.

[6] [美]芭芭拉·凯勒曼．领导学：多学科的视角[M]．林颖，周颖等译．上海：上海格致出版社：上海人民出版社，2011.

[7] [美]芭芭拉·凯勒曼．追随力[M]．宋强译．北京：中国人民大学出版社，2011.

[8] [美]彼得·G. 诺斯豪斯．领导学[M]. 吴爱明，陈爱明，陈晓明译．北京：中国人民大学出版社，2012.

[9] [美]彼得·德鲁克．德鲁克管理思想精要[M]. 李维安，王世权，刘金岩译. 北京：机械工业出版社，2016.

[10] [美]彼得·德鲁克．管理的实践[M]. 齐若兰译．北京：机械工业出版社，2017.

[11] [美]彼得·德鲁克．卓有成效的管理者[M]. 许是祥译．北京：机械工业出版社，2017.

[12] [美]成中英．C理论：中国管理哲学[M]. 北京：东方出版社，2011.

[13] [美]丹尼尔·A. 雷恩，阿瑟·G. 贝德安．管理思想史[M]. 孙健敏，黄小勇，李原译．北京：中国人民大学出版社，2014.

[14] [美]丹尼尔·戈尔曼，吉姆·柯林斯，罗纳德·海费兹等．什么造就了领导者[M]. 石小竹，曲茜，陈媛熙等译．北京：中信出版社，2015.

[15] [美]亨利·明茨伯格，布鲁斯·阿尔斯特兰德，约瑟夫·兰佩尔．战略历程——穿越战略管理旷野的指南[M]. 魏江译．北京：机械工业出版社，2016.

[16] [美]加里·哈默，比尔·布林．管理的未来[M]. 陈劲译．北京：中信出版社，2012.

[17] [美]罗伯特·B. 西奥迪尼．影响力[M]. 闾佳译．北京：北京联合出版公司，2016.

[18] [美]玛格丽特·惠特利．领导力与新科学[M]. 简学译．杭州：浙江人民出版社，2016.

[19] [美]斯蒂芬·P. 罗宾斯．做出好决定．包云波译．北京：北京联合出版社，2016.

[20] [美]沃伦·本尼斯，伯特·纳努斯．领导者[M]. 赵岑，徐琨译．杭州：浙江人民出版社，2016.

[21] [美]沃伦·本尼斯．成为领导者[M]．徐中，姜文波译．杭州：浙江人民出版社，2016.

[22] [美]小约瑟夫·巴达拉克．沉静领导[M]．杨斌译．北京：机械工业出版社，2016.

[23] [美]约翰·C. 麦克斯维尔．领导力21法则[M]．路卫军，路本福译．北京：北京时代华文书局，2015.

[24] [美]约翰·P. 科特．领导变革[M]．徐中译．北京：机械工业出版社，2016.

[25] [美]詹姆斯·麦格雷戈·伯恩斯．领导学[M]．常健，孙海云等译．北京：中国人民大学出版社，2013.

[26] [英]奥利弗·谢尔登．管理哲学[M]．刘敬鲁译．北京：商务印书馆，2013.

[27] [英]丹娜·左哈儿．量子领导者[M]．杨壮，施诺译．北京：机械工业出版社，2017.

[28] [英]伊迪丝·彭罗斯．企业成长理论[M]．赵晓译．上海：上海人民出版社，2007.

[29] 大卫·V. 戴，约翰·安东纳基斯．领导力的本质[M]．林嵩，徐中译．北京：北京大学出版社，2015.

[30] 刘峰．领导科学与领导艺术[M]．北京：高等教育出版社，2014.

[31] 刘峰．领导哲学[M]．北京：国家行政学院出版社，2015.

[32] 刘峰．新领导观[M]．北京：北京大学出版社，2011.

[33] 刘敬鲁等．西方管理学[M]．北京：人民出版社，2010.

[34] 文茂伟．当代英美组织领导力发展：理论与实践[M]．杭州：浙江大学出版社，2011.

[35] 曾仕强．中国管理哲学[M]．北京：商务印书馆国际有限公司，2015.

[36] [美]汤姆·彼得斯，罗伯特·沃特曼．追求卓越[M]．胡玮珊译．北京：

中信出版社，2001.

[37]Christine K. Volkmann，Kim Oliver Tokarski，Marc Grünhagen. *Entrepreneurship in a European Perspective：Concepts for the Creation and Growth of New Ventures*. Gabler Verlag，2010.

[38]Jeffry A. Timmons，Andrew Zacharakis，Stephen Spinelli. *Buriness Plans that Work：A Guide for Small Business*. McGraw-Hill，2004.

[39]Stephen Spinelli，Robert Adams. *New Venture Creation：Entrepreneurship for the 21st Century*. McGraw-hill/Irwin，2012.

[40]Björn Bjerke. *Understanding Entrepreneurship*. Edward Elgar，2007.

后　记

在从事创业教育、管理和研究的十年间，我一直在思考的问题是：创业成功与否的核心要素究竟是什么？我寻找到的答案包括：项目前景、商业模式、团队建设、资金水平……直到对五十余名创业者，三十多位创业大赛的评审、投资人和企业家进行访谈后，我才发现自己居然忽略了一个创业过程中最关键、最能动的方面：创业领导力。德里克·利多教授指出，创业者的荣耀与衰败，取决于创业领导力。归根结底，创业领导力才是创业成功与否的核心要素。然而，创业领导力的研究在国内并不多见。于是，我决定沿着这条理路走下去，探寻创业领导力的本质及其提升策略，这才有了写作本书的动机。

确立了研究主题之后，我又犯难，究竟从一个什么样的角度切入能够把创业领导力说清楚呢？提升创业领导力有什么独特的方法和艺术吗？此时，我想起了多年前自己就已经开始关注的经典分析工具——麦肯锡 7S 管理模型，并以此为基础构建了 SC 创业领导力模型。为了对 SC 创业领导力模型进行说明，我不仅致力于学理论证，还运用了许多案例。

关于案例选择，我的原则是“两个尽量”：一是案例尽量真实。真实的案例更能说明问题、佐证观点。需要强调的是，在采访创业领导者时，他们给出的“故事”并不完整、系统，我不得不进行归纳、总结、简化、整合，有时还有一定的艺术加工，但是，案例的基本情节是真实的。按照创业领导者的要求，我对他们的姓名和公司名称都做了化名处理。二是案例尽量亲民，只有亲民的案例才能让人身临其境、感同身受。我刚开始时也想引用那些著名人物，包括马云、马化腾、李彦宏等企业家的经历，但后来除了个别情况，基本都舍弃了。原因是他们离普通创业者太远，并且，他们的故事大都富有传奇色彩，很难复制。选用我们身边的例子，或许能带给创业领导者更多启发。

本书致力于理论与实践相结合，每一个部分基本上都采用了“内涵—方法—艺术”的框架结构。我的目的是想说透理论，重点在学以致用。我在书中刻意忽视了那些流行的、关于领导力的一般研究，如领导特质、领导行为、领导情境、领导变革和一些具体技术(决策技术、激励技术等)，这是因为相关的内容已经被研究得够多了，书也不少，毋须我赘言。为了进一步呈现近年来我在创业领域的思考理路，在本书末尾，我特意附上了两篇创业实验室研究和两篇谈创业教学教法的论文，读者可以将其与本书内容结合起来参考。受研究视角和个人能力所限，我对创业领导力的研究远非全面、系统，深度和广度都不够，敬请方家指正。

本书的出版要特别感谢首都师范大学党委副书记缪劲翔，招生就业处处长孙彤，副处长刘锐、臧强以及全体同事的大力支持，感谢首都师范大学出版社俞斌副总编和李佳艺编辑耐心、细致的工作。没有他们，本书的完成恐怕遥遥无期。

祝杨军

2017 年 11 月